●シリーズ
福祉に生きる

59 グロード神《しん》父《ぷ》

白石　淳／著

おおぞらしゃ
大空社

お読みになる人へ

〝福祉は「人」なり〟という言葉があります。この言葉は、福祉を職業とする者、またボランティアとして活動する者、さらに市民として福祉を担い、同時に主権者として福祉を考えるものにとって、重要なポイントとなります。その「人」、とりわけ多くの先駆者、先輩から、私たちは自らの在り方をしっかりと学ぶ必要がありま す。しかし今まで福祉を築いた人々については、余り知られてきませんでした。とくに地方の人々については、とらえられることがほとんどありませんでした。著名な人でも、その人の人生の中で、なぜ、福祉が実践され、どのような想いで展開されたかについては、深く探究されたことは少なかったのです。それは福祉を学ぶ者、また福祉を願う者、福祉をうちたてる者にとって、さらに国民全体にとって不幸なことでした。

このシリーズは、以上のような状況に対し、新しい地平をきりひらくため、積極的に福祉の先駆者、先輩の伝記を改めて探究し、書きおろしたものです。

是非、多くの人々が手にされ、しっかりと読んでいただけることを、願ってやみません。

一番ヶ瀬　康子

目次

第四章　高齢者施設の開設へ向けて……92

グロード神父

プロローグ
——早くから海外に開かれた港町「函館」

年間約四百五十九万人（二〇一〇年度）もの観光客が訪れる、ロマンチックな港町。多くの人々から愛される、魅力的な街「函館」。その函館は、二〇〇九年（平成二一年）七月、開港百五十年を迎えた。函館は、古くから北の大地の玄関口として、また貿易・北洋漁業の基地として栄え、北海道・日本発展の礎《いしずえ》となった。

アメリカのペリー提督が「天然の良港だ」と称えた港は、一八五九年（安政六年）に修好通商条約にもとづき、日本で最初の自由貿易港として横浜などとともに世界に開かれた（一八五九年六月二日、当時人口約一万人の箱館（函館）は、正式に国際貿易港として開港した。この日を新暦

函館山から見た函館の街並み

になおして、七月一日が開港の日となった)。それゆえに函館は、諸外国の人々との交流が早くからあり、多様な文化を取り入れながら発展した。

またキリスト教布教のために各国から宣教師も訪れ、街中にはいくつもの西洋風の教会が建てられた。その鐘の音は、当時と変わることなく、今日も人々に「キリストの愛」を告げている。

街には異国情緒が漂うが、これは函館の人々に伝統文化を大切にするとともに、新しい人や文化を受け入れようとする心があったからであろう。この土地には、開放的かつ好奇心に満ちた人々が助け合いながら暮らしていたのである。

函館市には、西の方角にレンガ造りの倉庫、石造りや木造の明治・大正時代に建てられた歴史的な建物が並ぶ西部地区、反対の東の方角には、商業街を形成する五稜郭地区がある。西部地区は、夜景で有名な函館山と旧桟橋に挟まれた地で、カメラ片手に多くの観光客が散策している。ハリストス正教会、カトリック教会、聖ヨハネ教会が並び、その近くには旧函館区公会堂、旧イギリス領事館、旧渡島支庁舎などの重要文化財や市伝統的建造物に指定されている美しい建物が数多く見られる。

五稜郭地区は港から離れた、新たに繁華街として栄えてきた地である。デパート、ホテルやオフィスなどの近代的なビルが建ち並び、ビジネスマンやショッピング客で賑わう。星形をした五稜郭は、江戸最後の戦いが行われた、日本最初の洋式の城である。一八六三年

旭ヶ岡の家とグロード神父（左）

（文久三年）に、幕府が北の防衛のために築城したが、一八六八年（明治元年）に旧幕府軍榎本武揚らがたてこもり、独立国を目指した地でもある。
人口約二十八万人の函館市は、何時も新しい時代の先駆けとして歩んできた。このような気風があったからこそ、これから紹介する『遠く離れたフランスの地から飛んで来た愉快な神父』が、市民に支えられながら、高齢者福祉に新たなページを開くことができたのだ。地元では「知らない人はいない。福祉に大きな影響を与えた人」と評されるが、当時、日本ではほとんどみられなかった本人の希望に沿った生活を重視する高齢者福祉施設を築くなど、「我が国の福祉文化を築いた一人」と言ってもよい。今日も精力的に活躍を続けているグロード神父を、ここに紹介する。

第一章　「旭ヶ岡の家」を訪ねる

1　新たな福祉文化を築いたグロード神父

函館市郊外の丘にある建物の三階から、「父と子と聖霊のみ名によって、アーメン」と、ミサが始まる穏やかな口調が私の心に届けられた。その声の主は、フィリップ・ユーベア・マリー・グロード(Philippe Hubert Marie Gourraud)、カトリック神父である。一九二七年にフランスで生まれたが、半世紀以上を北海道で過ごしている。

二〇〇八年(平成二〇年)秋には、社会福祉への貢献として、「瑞宝双光章」を受けた。函館市からも、文化・芸術振興に尽くしたことにより、一九八六年(昭和六一年)に「白鳳賞」、一九九八年(平成一〇年)に「函館市文化賞」を受賞している。また、社会文化、科学技術、産業経済の各分野で北海道の発展に大きな役割を果たしたとして「北海道新聞文化賞社会文化賞」(第五十回)を受けるなど、グロード神父の社会福祉、文化・芸術における活動は、高く評価されている。

二〇〇五年(平成一七年)七月二〇日、日仏親善交流函館発祥百五十周年の式典とフランス共和国勲章授章式(函館日仏協会主催)が函館市内で行われたが、その章を受けた一人がグロード神父である。神父は一九九〇年(平成二年)にも、「レジョン・ド・ヌール勲章シュバリエ章」を受けているが、今回はそれよりも一つ上の勲章「オフィシエ章」の受章を、ベルナール・ドゥ・モンフェラン駐日フランス大使から伝えられた。大使は、「宣教師の使命のもと、高齢者福祉施設の整備や、出身のヴァンデー県に伝わる野外劇の上演を函館でも実現した。温かな心と知性、人間的魅力があってこそなしえた」と、長年の活動の功績と活動の源である神父の人柄を讃えた。他にも「国家功労勲章シュバリエ章（一九七八年）、オフィシエ章（一九九八年）」を受章するなど、神父は祖国においても高く評価されている。

グロード神父の生涯をかけた活動は、フランスから遠く離れた北海道函館市の地において、「人を愛する」「神を愛する」信仰から始まった。市郊外の丘に、日本の高齢者のための福祉施設を次々と開設した。神父は、資金集めなどに苦労しながらも、懸命に努力した。施設が出来あがっても、それで終わることはなかった。より充実させるために海外に出向くなど、新しい知識・技術を習得し続けた。学んだ新しい知識・技術は自分だけのものにせず、全国各地における講演を通して広めるなど、我が国の福祉全体の向上を目指した。すべての高齢者の幸せのためにと。また施設の仕事で忙しいなかでも、函館野外劇を創設するなど、地域の文化活動にも懸命に取り組む。神父は、「百歳になるまで、福祉と文化のために尽くしますよ」と力強く語り、今日も休むことなく汗を流す。

神父は仕事で忙しいときも、「愉快でしょ」と口癖のように会話の終わりに付け加える。入院は大嫌い。入院しても初めのうちは、病室のベッドの上で自分が手術を受けている絵などを描いて楽しんでいたが、しばらくすると勝手に自分で退院を決めて、逃げるように自宅である旭ヶ岡の家へ帰ってしまう。「だって、病院は愉快じゃないもの」と、子どものように笑う。愉快なことが大好きなグロード神父。「いつまでも、愉快に生きるために、『福祉』『文化』が必要だ」と説く。

神父を知る人は、「やさしく、人の心を読める方。何にでも興味を持ち博識で、手を抜かない。話術に長けている」「人を疑わず、信じやすい…ので、騙されやすい。行動力がある…が、後先を考えない」「ユニークで、話し好き。冗談も多く、話が尽きない」など

旭ヶ岡の家

と紹介する。神父は、日本の文化も大好き。「夏目漱石の『こころ』が面白いよ」と、神父から全集を渡された人は驚いた。「全編に渡り克明に鉛筆で傍線が引かれてあった」と。何事に対しても興味関心を抱き、深く考える。そして良いと判断したことはすぐに行動に移し、決してあきらめない。

そのグロード神父は、「ホームは人生の最後の大型連休を楽しむ場所」と語るが、その想いを伺うために、私は北海道函館市郊外の丘に建つ『高齢者総合施設旭ヶ岡の家』を訪ねた。

2　海峡の風かおる丘で

私は、札幌から函館を訪れた。柔らかな太陽の光が届いている昼頃に、グロード神父の想いを実現した地に立った。標高百七十五メートルの風かおる丘に、津軽海峡の全貌を見下ろすことができる展望台アニエスの塔がそびえている。高齢者総合施設旭ヶ岡の家創立二十五周年記念事業の一つとして、「多くの人が、愉快に集まることができるように」と願いを込めて建てられたシンボルである。塔に登ると、函館の街並み、その向こうには、青森県下北半島の姿までもが目に入る。展望台までの遊歩道には、「つつじ庭園」「聖心メモリアル公園」などが整備されている。なんて心地良い丘なのであ

シンボルのアニエスの塔

ろう。ふと公園のゲートを見ると、「見よ天国は神と人と共にいてもはや死も悲しみも　嘆きも苦しみもないぞ　万物はすべて新しくなる」と記されている。だからこの丘で、心が満たされるのであろうか。

広大な敷地内には、他にも「ちょうちょ公園」「かっぱ公園」「みこころ公園」などが点在し、それぞれを「熊通路」「宮本通り」「ボランティア通り」などと命名された路が結んでいる。これらは、「バカンスを楽しめるよ

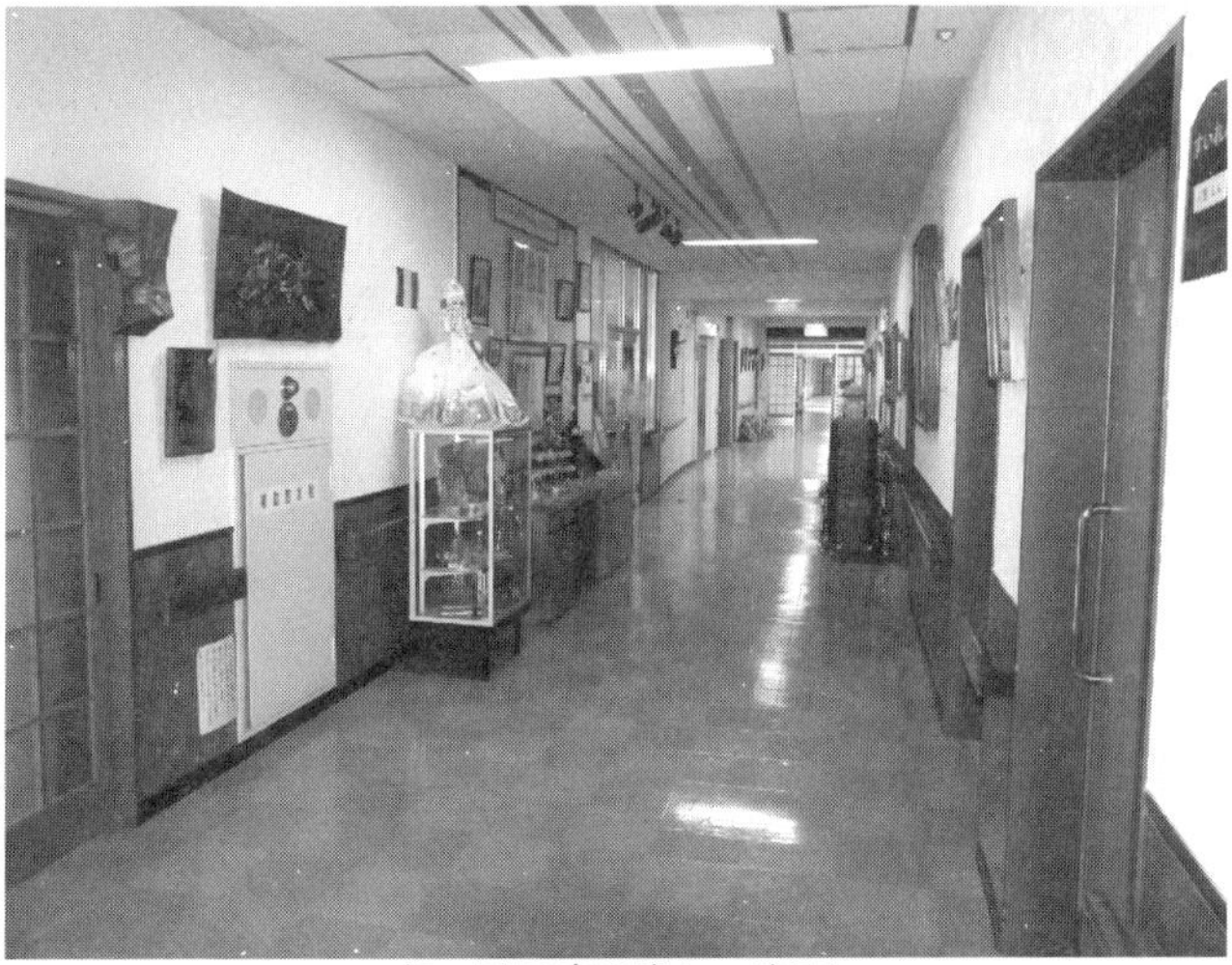

旭ヶ岡の家の楽しい廊下

うに」と造られたもので、ここを訪れた人は、目に森と海が、耳に小鳥のさえずりが、呼吸に花の薫が届き、心が豊かになる。ゆっくり巡れば小一時間はかかる広大な自然公園のようだが、ここは高齢者総合施設旭ヶ岡の家の約十万平方メートルの敷地内なのだ。

旭ヶ岡の家は、施設という雰囲気がどこからも漂ってこない。建物の外観にはユニークな形をしたオブジェが至る所に見られ、内部には絵画や置物などの美術

廊下の大きなぬいぐるみ

品が数多く飾られている。まるで高級な別荘かレストランのようだ。初めて訪れた人は、「高齢者施設は、暗くて、入居したらみじめというイメージがあった。しかし旭ヶ岡の家では入居者も職員も、みんな明るい。自分の気持ちも明るくなり、施設とは感じられない」と口々に話していた。旭ヶ岡の家は、エレガントなのだ。落ち着いて気品に満ち、おもてなしの心が込められている。この生みの親が、理事長のフィリップ・グロード神父である。「ケアは文化的なおつきあい」という施設の理念から、これらが築かれていることを、グロード神父から話を伺うことにより理解した。

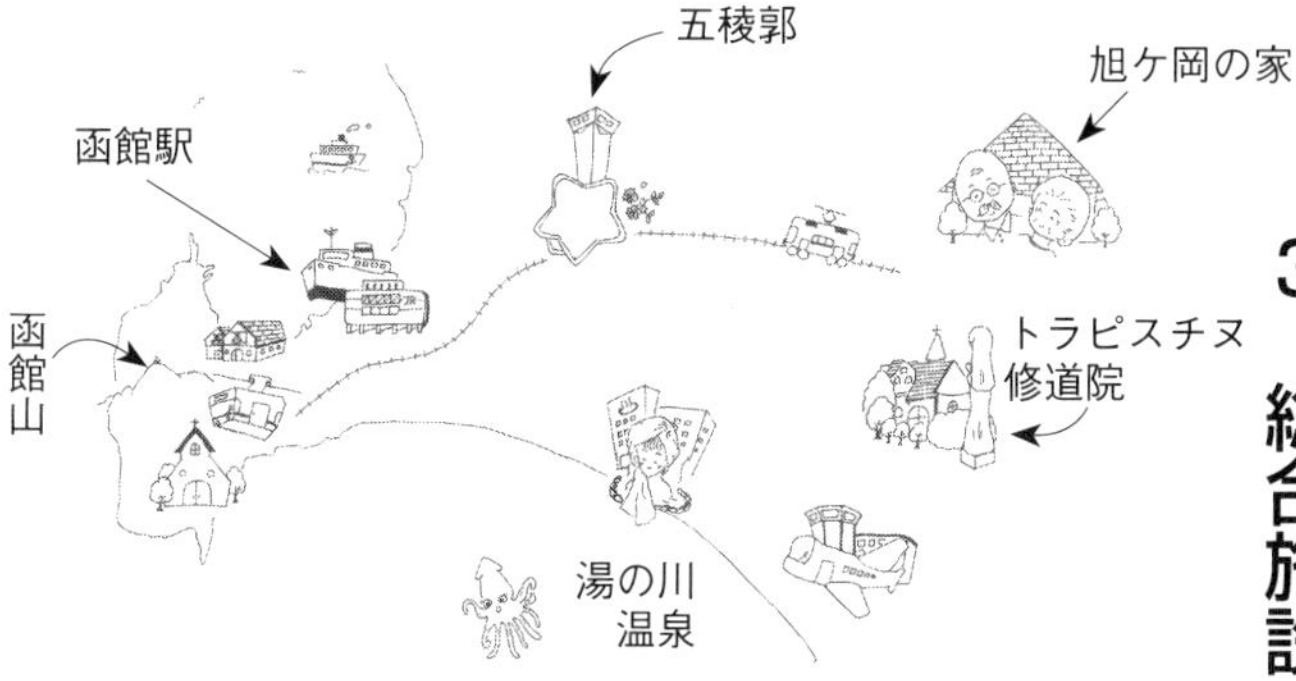

函館市内（イラスト）

3　総合施設「旭ヶ岡の家」という我が家

旭ヶ岡の家は、ＪＲ函館駅から十三キロ程離れた地に位置する。函館駅から、この街に良く似合う路面電車に揺られ、終着の湯の川停留所で下車し、そこからタクシーで向かう。車は、多くの人が観光で訪れるトラピスチヌ修道院（一八九八年にフランスから派遣された八人の修道女で開設）を右手に見ながら、丘への坂道をゆっくりと登る。そしてベットタウンの旭岡団地から右への脇道に入ったところで、緑に覆われた林のなかに白亜の三階建ての建物が目に入る。

車が、旭ヶ岡の家の門にたどり着くと、

人々を迎える聖家族像

聖ヨゼフ、聖マリアと少年イエスの御像（聖家族像）が、訪れる人々を家族のごとく温かく迎える。

施設の敷地には、営林局、ボランティアや旭ヶ岡の家の人々の手で植えられた樹木が繋っている。北海道の遅い春には桜の花が、初夏には約二千五百株のラベンダーの薫りが、早い秋には紅葉の樹が、長い冬には枝の雪が美しい四季を演出する。四枚のキャンバスに映し出された彩りは、旭ヶ岡の家の人々の心を和ませる。ここでは、散歩中に突然エゾシカに出会うこともあると聞いた。函館市の中心部から車で三十分も要しないのに、旭ヶ岡の家は自然と共に生きているのだ。しかし施設が建てられる前は、まったく異なる風景だった。赤茶けた荒れ地とクマの爪痕が残る雑木林で覆われ、誰も訪れる人がいない場所であった。

旭ヶ岡の家は、一九七七年（昭和五二年）の開設以来、社会の求めに応じて、高齢者へのケアを中心とした質の高いサービスを提供し続けてきた。高齢者がターミナル（終末）を迎えるまで、自分の望むような暮らしができるように人々を支えてきたのである。「入居者の希望をよく聞いて、神父様はじめ、職員が応えてくれる」と、入居者の家族はそのケアを、信頼を込めて高く評価する。ここでは高齢者は、自由な雰囲気のなかで、日々の生活を活き活きと過ごしている。

高齢者総合施設 旭ヶ岡の家（イラスト）

「クオリティ・オブ・ライフ（生活の質）を優先しつつ、ターミナルに至るまで、みんながエレガントでかつ笑顔でゆったり楽しい場でいられるように」と、ケアがなされている。その高齢者総合施設旭ヶ岡の家の各施設を紹介しよう。

介護老人福祉施設（特別養護老人ホーム）——旭ヶ岡の家

一九七七年（昭和五二年）五月に開設された施設、特別養護老人ホームである。心身に障害があるために常時介護支援を必要とするが、自宅ではこれを受けることが困難な高齢者が入居している。原則「要介護」と認定された高齢者を対象とし、介護、健康管理、食事などの日常生活を過ごすために必要な支援を、入居者本人や家族の希望を取り入れながらターミナルまで行っている。ケアワーカー、看護師、ソーシャルワーカー（ここでは「アニメーター」と呼ぶ）、事務員、栄養士、調理員、医師などの各職員が、協力しながら三百六十五日二十四時間チームケアを行う。

特定有料老人ホーム——レジダント

一九九三年（平成五年）六月に開設された、北海道では最初の特定有料老人ホーム。三階建てのケア付きアパートで、ゆとりある個室と夫婦用居室が備えられている。入居している人は、自分の部屋を自由にコーディネートして日々の生活を過ごしている。共同浴室（各居室にも浴室はある）や娯楽室などは共用で、食事の提供や健康管理、二十四時間のケアなど日常生活の支援がなされる。もちろん外出や外泊も自由で、長期の海外旅行に出かける人もいる。

在宅ケアセンター――ベレル

施設の出入り口にある、サイコロが串刺しになったユニークなモニュメントが、訪れた私たちを迎える。これはグロード神父が、「人生は最後まで賭けごとだから」と、デザインしたものだ。

一九九六年（平成八年）四月に開設された、自宅で暮らしている要介護高齢者に対して、各種在宅派遣サービスと在宅ケアサービスのコーディネートを行う施設である。この施設は、スイスやアメリカで見学した世界最高レベルの施設を参考にして設計された。とくに二百平方メートルのサンルームは、太陽の光が降り注ぎ素晴らしい。「広いスペースは、冬知らず。寒い北海道では、サンルームこそホームの欠かせない施設」と考えたからである。

ここでは、自宅において介護を受けることが一時的に困難になった高齢者を短期間入所（ショートステイ）させる「短期入所施設事業」、通所により入浴、食事等各種のサービスを提供する「デイサービスセンター」、介護などの日常生活の相談や福祉サービスのコーディネート、二十四時間ホームヘルプサービスを提供する「ヘルパーステーション」、自宅での入浴を手伝う「訪問入浴サービスステーション」、高齢者のマンションを提供する「ケアハウス」などを行っている。また、「居宅介護支援事業所」「地域交流センター」を運営している。

生活支援ハウス――やすらぎの家

二〇〇一年（平成一三年）八月に開設した、最も新しい施設。独立して生活することに不安のある高齢者に対し、介護、居住及び交流を総合的に提供するなど、安心して健康的に過ごせるように支援している。

これらの施設を運営しているのが、「社会福祉法人函館カリタスの園」である。カリタス（CARITAS）とは、ラテン語で「愛」を意味する。すなわち「愛」を基盤として、高齢者の生活をターミナルまで総合的に支えるのである。

活き活きと生活するために、我が家が、食事が、友人が、そして遊びが必要である。旭ヶ岡の家には、これらが揃えられており、ここに、「閉鎖的」「規則的」「隔離的」「管理的」などの言葉は存在しない。利用している高齢者は、「我が家」と同じように自由に楽しく充実した時間を過ごしている。実際に訪れた人は口々に、「施設や病院らしくなくて、まるで自宅のようだ。みんなが、その人らしく、生活を楽しんでいる」と話す。

4　愉快に過ごす日々の生活

旭ヶ岡の家（特別養護老人ホーム）を訪ねてみよう。ここでは、入居している高齢者が寂しく過ごすことはない。「人生の大型連休を楽しむお屋敷。動物も入れてくれやと頼んでいるよ（みんな仲好し）」と、グロード神父が描いた旭ヶ岡の家の風景画に説明が書き加えられている。

施設の外観を眺めると、二階から地上につながる非常階段に大きなトランプが何枚も付けられ、頂点にジョーカーが留められている。「なぜ階段にトランプが」と尋ねると、「どこからかトランプが、風

トランプが張り付いた非常階段

に吹かれて飛んできて、階段に引っ付いた…。面白いでしょ」と、神父は笑う。もちろん、神父の創作である。「味気ない非常階段じゃ面白くない。愉快にしようと、大きな金属製のトランプを留めてしまった。その意味は、「旭ヶ岡の家では、何時もババ抜きをして遊んでいるよ」とか。

玄関に足を踏み入れると、「旭ヶ岡の家」の文字は太陽の顔でデザインされ、床

ユニークなデザインの暖炉

のタイルは黄色と黒色のチェス盤になっている。遊び心がいっぱい詰まった外壁や床は、神父がデザインしたものだ。「愉快でしょ。ハッハッハ」と、笑いながら考えたに違いない。

施設内を案内して頂く。玄関をあがると、大きなホールに迎えられる。ホール の雰囲気は、まるで山小屋風のリゾートホテルのロビーのようだ。冬になると、ホール中央の薪の暖炉が、

「みんなが集まれる場所」と、施設を暖める。暖炉は天井まで伸びる木のようにデザインされ、すべての人の心まで包む。

施設内のホール、廊下、会議室などの壁面に目をやると、グロード神父や著名な画家、入居している高齢者が描いた絵画が数多く掛けられている。さらにちょっとした空間があれば、壺、彫刻、時計、ぬいぐるみなどが置かれている。廊下の端に置かれている等身大の大きなワニのぬいぐるみは、神父の旅行のおみやげだそうだ。どうやってここまで連れて来たのか。神父が、背負ってか。これらは、一体どのくらいの数があるのだろうか。アフリカから持って来たもの、アメリカから持って来たもの、不思議なものが数え切れない程ある。ある人は、旭ヶ岡の家を「居心地の良い美術館のようだ」と表現したが、グロード神父はこの風景を見ながらニコニコ笑顔で、「いいでしょ。素敵でしょ」を連発する。

途中で、廊下に鏡が数多く掛けられていることに気づいた。長方形の鏡ではなく、デザインされたインテリア風の大きな鏡である。「何時までも、みんなに美しくいて欲しいから」である。「入居している少し年齢が大きい人たちが鏡を見て、今日も美人、美男子。まだまだ大丈夫と、確認できるから」と。私は、「なるほど」と思った。

　改めて、旭ヶ岡の家の一階をゆっくりと歩いてみよう。幅広い廊下。過去には、そこで車いすや移動ベッドで走る競技など、「冬季室内大運動会」が開催されたこともあるとか。競技場であった広い廊下を進むと、各居室のドアは昼間でも閉じられている。他の同じような施設では、居室のドアは何時も開けられており、「職員が気軽に出入りできる」と思っていた。旭ヶ岡の家では、「居室は本人の城。入居している高齢者は、そこの主」だから、その玄関であるドアは、「プライバシーとプライドを守るために閉められている」と説明があった。入居している女性の案内で、その城を訪問した。部屋には、ベッドの他に自宅で用いていた使い慣れたタンス、その上には家族の写真や小物などが飾られ、テレビが見やすいように配置されていた。長く住み慣れた自宅から、そのまま引っ越して来たようだ。病院のような飾り気がない無機質な部屋ではなく、本人の好きなように自由に過ごせるマイルームになっていた。

廊下の途中に浴室がある。施設の地下から汲みあげた天然温泉で、「それいゆ温泉（ソレイユ＝フランス語の太陽の意で、『老人に太陽を』のスローガンにあやかった。『それ、いい湯だな』のしゃれもある）」と名が付けられている。「温泉は日本の魅力の一つだから」と、温泉を掘ることは神父の夢だった。丘の上の敷地で温泉を掘り始める時、「神父さん、温泉は無理じゃないですか」とある人が尋ねると、グロード神父は「信仰が浅いね」と応えたという。神父は、温泉が出た感激を、今でも忘れない。温泉で高齢者は、神父が言う「お湯と遊ぶ」のである。「生きていてよかった。愉快な一休み」と。

二階にあがる。二階のホールにも、パイプとキセルの形をした暖炉が置かれていた。神父が愛用していたパイプをデザインしたものだ。その廊下を進み突きあたりで驚いたのは、食堂として利用されている「夕日の間」からの景色だった。壁一面ガラス張りの展望レストランである。大きな窓越しに函館山、津軽海峡、その向こうに青森県までも望むことができる。夕焼け・夜景の眺めは、観光名所函館山からの夜景に匹敵する。美しい景色とともに食卓を囲む時間は、なんてエレガントなのだろう。私は「エレガント」という言葉を実感した。旭ヶ岡の家には他に、美容室、喫茶店、クラブの娯楽室、旭映写館（映写館兼図書室）などが完備され、日々の暮らしをよりエレガントとなるように支えている。

また、画廊も備えている。有料老人ホームと繋ぐ三十メートル程の廊下は、「旭ヶ岡の家画廊」と呼ばれている。月に一度くらいのペースで、展示品が入れ替わる。プロ作家の絵画や写真、入居者の手芸など素晴らしい作品が並び、訪れた人々を文化の薫りがする世

聖堂

界に導く。もちろん何度訪れても無料だ。

最後に、最上階の「聖堂」を訪れた。クリスチャンの施設なので、何時でも祈りが捧げられるようになっている。そこは、「和」と「洋」が調和した心落ち着けるデザインで、厳かな空気で満たされていた。祭壇の後ろのテラスのようなところに、二・五メートル×七メートル四方程の小さな箱庭がある。白い石が津軽海峡や大沼を、黒っぽい石が函館山を表すなど、函館の地形が再現され、訪れた人の心を和ませる。聖堂の中央には円形の祭壇、その上の空間にはご聖体（キリストの体をあらわすパン）が入った地球を形どった球が天井から下がっている。そこにはラテン語で「HOC EST CORPUS MEUM QUOD PRO VOBIS TRADETUR（これは、あなたがたのために渡されるわたしのからだである）」と、キリストが最後の晩餐のときに仰せられた言葉が刻まれている。聖堂ではグロード神父がミサを捧げ、祈りが行われる。この聖堂こそが『カリタス（愛）』の原点で、「旭ヶ岡の家」「グロード神父」のすべてである。

旭ヶ岡の家を訪れて感じることは、「ともかく楽しい施設で、施設らしくない」ことである。そこには病院のような空気はなく、生活のにおいが、それも穏やかでエレガントな息吹で満されている。「年齢をとったので、生活環境や生活レベルを下げてもかまわないということはない」とグロード神父が力を込める言葉が、現実のものとなっている。そのために、施設のさまざまな点に芸術的な要素が取り入れられている。それは建物のデザイン、家具や食器の色合い、服装などにも及ぶ。「触れあうだけがケアではない。流れる音楽、見る絵だけでもケアになる。誰もが、気持ちが落ち着き、穏やかになる。芸術は長寿の素」と、神父は付け加えた。

もちろん建物などが良くても、居心地の良い生活は作り出せない。ここでは「こんにちは」などの挨拶や「笑い声」が、施設のどこにいても聞こえる。絶えることがない笑顔や「どう」「きれいだね」という言葉も、人間自身が生み出す心を和ませる芸術作品である。「私たち職員が見習うのはホテルです」と、神父は微笑む。その微笑みに、高齢者を人生の大先輩として尊敬する姿が見えた。「自分は尊敬されていると感じ、プライドが尊重されるような雰囲気でなければ、施設はアウトである」と、神父は厳しい口調で言葉を結んだ。ある家族が旭ヶ岡の家を訪ねて来たとき、「このようなところなら良いね」と話していた。自ら入りたくなる施設が、旭ヶ岡の家なのである。

神父の仕事場は、その施設の一室にある。部屋のドアをたたくと、狭い部屋の両側の壁にある高い天井までとどく本棚は、日本語、英語、フランス語の本でぎっしりとつまっていた。

そのなかで、私はグロード神父に話を伺った。

第二章　最後までエレガントに、おしゃれに生きる

1　ターミナルまで
――愉快に生活できる我が家でありたい

「亡くなる寸前に『施設に帰りたい』と言って、病院から旭ヶ岡の家に戻って息を引きとった方もいた」と聞いた。「帰りたい」の言葉は、施設が「心が安らぐ自宅」となっていたことを示す。入居している高齢者の多くが、旭ケ岡の家で人生の最後を迎える。ターミナルを迎えるまで、自宅で今までと同じように好きなことをしながら自由に暮らしたい。誰しもが望む人生最後の願いであろう。

長い間、お茶を教えていた先生の最後の時、神父は提案した。「お茶の先生ですから、ターミナルのときは水ではなく、お茶を入れましょう」と。「ベットサイドでやりました。お手前はないですけれど、ガーゼに抹茶を浸して唇にあてたんです。本人は、にっこり。家族も感動してね」と、神父は彼女の顔を思い出すように語った。

一人ひとりを尊重し、本人や家族の希望や気持ちに沿って、最後まで楽しく過ごせるように力を尽くす。ここでは、普通のこととして行われている。開設以来の考えで、そのために基準より職員も多く配置している。医師、看護師、ケアワーカーなどすべての職員が、家族とともに温かく落ち着いた雰囲気のなかで、本人の尊厳を守りながらターミナルまでケアを行う。「元気なうちは施設で、最後は病院で」と考える施設もあるが、旭ヶ岡の家はターミナルまで過ごす我が家である。「昔は家族にとって、老人ホームに入れておくことは恥ずかしいことだったが、今は逆に最後までここでと思っている。本人も気に入っているから」と話す家族の言葉が、この施設の姿勢やグロード神父の思いを代弁している。

2 エレガントな生活――より美しく

神父は、言葉を強めた。「施設のレベルは、入居している人の服装やお化粧でわかります。美容院、カフェテリアがあれば最高。施設の都合で『施設カット（入居者の髪を短く切ること）』『服装は寝巻き』は、とんでもないこと。高齢者にも、遊び心とエレガンスが大切」と。

「ケアはおしゃれから始まる」と、神父は考えている。施設内の鏡は、高齢者に気力を与える。美容院、温泉が備えられているのもそのため。「職員だって朝から晩まで白衣を着ているなんて失礼です。私服でエレガントなものを」と。「エレガントに」が、グロード神父のモットーで何時も口にする言葉だ。その意味を尋ねると、

「殺風景は、良くない。愉快でない。人間の最後の活動は、おしゃれすること。おしゃれすることは文化。贅沢は文化ですから」と。高齢者のおしゃれは、生活や文化の基本であると断言する。

実際に、化粧をすることで活気が満ち、活き活きするようになる。「他の施設からここへ移ってきた重症の方が、元気になったことがあった」と、神父もその効果に驚いたこともあるとか。「化粧することにより元気になる」は、今では科学的に証明されている事実だ。

3　尊厳を守る自分の部屋――居室の個室化

病院に入院していた友人から、聞いたことがある。「四人部屋の病室だったので、何時も誰かに見られている。一人になる時は、トイレくらい。精神的に疲れる」と。誰しもが感じることであろう。プライバシーを守ることは、その人の心と体を健康にし、一人ひととりの尊厳を守ることになる。そのために、神父は居室の個室化にこだわる。

欧米の進んだ施設では、相部屋では認可されないが、日本の高齢者施設の多くは、病院のように四人、六人が一緒になる大部屋が多い。しかし旭ヶ岡の家では、以前から個室化が進められていた。神父は施設を計画するとき、「四人部屋でなければ補助金が出ない」と言われた厚生省を押し切ってまで、当時珍しかった個室化を進めた。「個室を、本人が気に入るように自由に使う。好きな写真、好きな花、長年使い慣れた家具で」と、神父は言う。なぜだろうか。「自分の落ち着ける居場所がないとダメです。年をとったからといって、他人様と一緒に寝かせるのは失礼です。『どうして私は今頃になって知らない人と一緒に寝なきゃならないの』です。個室でないと、プライバシーという個人の尊厳がなくなり、リラックスもできません。ケアする側からみても、ちゃんとしたケア、ターミナルのケアもできません。また個室だと、家族も訪問しやすくなる」と、続ける。

このことは、グロード神父の兵役時代における集団生活の経験に基づく。「自分の縄張りがなかったので、自分のコーナーへのあこがれがあった。生活環境が、心まで荒らしてしまう」ことを実感したからだ。だから、生活の中心となる居室の個室化には、自然と力が入るのである。

「高齢者は個性を守りながら、その人らしく面倒を見てもらう権利があるからこそ相部屋などは駄目です」と、神父は話をまとめる。個室がプライベートの寝室で、ホーム全体がマイホームになる。旭ヶ岡の家では開設以来五回のリフォームを行い、現在では五十室以上が個室となっている。

4　愉快に過ごすために――多彩な文化的な活動

旭ヶ岡の家が目指すのは、「その日、その日を楽しく生活する」ことである。なぜならば、生活の質を高めるためには、生活に潤いが必要だからである。そのために、楽しいプログラムが毎日多彩に行われる。文化サークルは十以上、不定期なものを入れると二十以上はある。趣味の「クラフト」「カラオケ」「謡曲」「生花」「短歌」や、「ハーモニカ・コーラスコンサート」「体操」「音楽鑑賞」「映写会」「それいゆ（聖話）」などが、毎日の生活を豊かで楽しいものに演出する。「何もすることがない」「一人で寂しい」と話す高齢者は、いないのではないか。これらは決して子どもの遊びのような内容ではない。文化的なのである。「高齢者は子どもではありません。子どもっぽいのはやめてください」と、神父は一つだけ注文を付ける。

行事は、毎月「催し物カレンダー」として手渡しされる。教会の

夏に行われるパリー祭

行事と日本のお祭りは欠かさず行われ、季節感を人々に届ける。春には「おひな様」を飾ってのパーティー、「花見」「そば打ち」。夏には「七夕まつり」、フランス国旗掲揚とシャンソンのコンサートなどの「パリー祭」、フラダンスによる「ハワイアン・コンサート」や「盆踊り」。秋・冬には、「観楓会」「クリスマス」「新年会」「節分」「茶会」と、四季に合わせて行われる。入居している高齢者は自分の好きな行事に参加し自由に楽しんでいる。

　年に一度職員、家族会、ボランティアなどの人たちが大活躍し、旭ヶ岡の家が最も活気に満ちあふれる日がある。施設や活動への理解を深めてもらう「感謝見学日」を兼ねた、九月最後の日曜日に行われる「ソレイユ祭り」である。毎年千人余りの人が集まり、笑い

2009.10　**旭ヶ岡の家催し物カレンダー**　特別養護老人ホーム発行

日	月	火	水	木	金	土
あきこ美容室は完全予約制となります。ご予約は前の週の土曜日のお昼までにお願いいたします。				1 9:15 ミサ 10:30 絵手紙クラブ 14:30 入居者懇談会	2 9:15 ミサ 10:30 買物代行 14:30 お達者クラブ	3 十五夜 9:15 ミサ 10:30 それいゆクラブ 函館牛乳移動販売（朝）
4 10:00 ミサ 14:00 ティータイム	5 あきこ美容室 9:15 ミサ 10:30 謡曲クラブ 14:30 にぎにぎ体操	6 9:15 ミサ 10:30 うぐいすの会 14:00 聴いてリフレッシュ	7 9:15 ミサ 10:30 粋々コーラス AM やなせ皮膚科往診 おしまコロニーパン販売	8 9:15 ミサ 10:30 売店・ギャラリーツアー 14:30 マダム・エレガント	9 9:15 ミサ 10:30 買物代行 14:30 ビンゴ	10 9:15 ミサ 函館牛乳移動販売（朝）
11 10:00 ミサ 14:00 ティータイム 生活相談の日（A）	12 体育の日 9:15 ミサ	13 9:15 ミサ 10:30 うぐいすの会 ニュースタイム 15:00 生活相談の日（栄養士）	14 9:15 ミサ 10:30 粋々コーラス 11:00 金井歯科往診 14:30 ういんずコンサート おしまコロニーパン販売	15 9:15 ミサ 10:30 買い物ツアー・代行 14:00 聴いてリフレッシュ	16 9:15 ミサ 14:30 にぎにぎ体操	17 9:15 ミサ 10:30 それいゆクラブ 函館牛乳移動販売（朝）
18 10:00 ミサ 14:00 ティータイム	19 9:15 ミサ 10:30 謡曲クラブ	20 9:15 ミサ 10:30 うぐいすの会	21 9:15 ミサ 10:30 粋々コーラス	22 9:15 ミサ 10:30 マダム・エレガント	23 9:15 ミサ 10:30 買物代行	24 9:15 ミサ 10:30 それいゆクラブ
11 10:00 ミサ 14:00 ティータイム	12 体育の日 9:15 ミサ	13 9:15 ミサ 10:30 うぐいすの会	14 9:15 ミサ 10:30 粋々コーラス	15 9:15 ミサ 10:30 買い物ツアー・代行	16 9:15 ミサ 14:30 にぎにぎ体操	17 9:15 ミサ 10:30 それいゆクラブ

催し物カレンダー

声が絶えないほど大盛況になる。入居者の刺しゅうや切り絵などの「作品展」、大学生の「吹奏楽部コンサート」、そして「マジッククラブショー」「乗馬体験」「凧作り」「グロード神父トークショー」「お楽しみ抽選会」「屋台の出店」などが用意され、まるで学校の文化祭のようだ。

ときには、他の施設では見られない催しが開かれることもある。旭ヶ岡の家の廊下が、バージンロードに変わるのだ。入居者の孫などの結婚式が、施設内で行われる。挙式を執り行う神父が常駐しているので、何時でも大丈夫。若い二人の挙式後には、施設全体が幸せな気分に包まれる。

「高齢者にとって、『生きがい』は重すぎる。『気晴らし』が必要。行事はリハビリを兼ねており、遊びがリハビリです」と、神父は遊びを大切にする。もちろん、このような行事やサークルなどは、入居している高齢者の要望に合わせられる。計画や運営について、月に一度ほど開かれる入居者懇談会で話し合われ、細かな点まで入居者の主体性が保たれている。

5 「尊厳」とは——大切にされること

旭ヶ岡の家には「高齢者に対する尊厳がある」と述べたが、「尊厳」とは、どのようなことであろうか。

神父は、悲しそうな口調でゆっくりと話し始めた。「『自分はあきらめられている』と、高齢者が感じることがある。それは、寂しいことだよ」と。家族から「あきらめられること」が一番辛い。「『高齢者はそんなことをする身分じゃない』などと言われたらどうですか」と続けた。「食事は口で食べると、時間がかかりすぎて無理だから」と、家族から言われていた女性がいた。「我々は頑張って毎日食事に時間をかけて口から食べさせた。そうしたら、その人の目が笑っているんですよ。世話をするプロは、高齢者のわがままなどすべての個性を受け入れ、それを面白く見て、良い方に解釈して、尊敬しながら世話をする。そうすれば、みんな優しくなれる。個性を大切にして、尊敬する。そのためにもエレガントにして、そしてほめて、話を聞く。子ども扱いしたりとかは、いけません」と、優しい声でおだやかに語った。

「おしっこ」と入居者。「ちょっと待ってよ」と施設の職員。他の施設での話。「待てるわけありませんよね。でも、向こう（施設側）の都合が優先」と、他の施設に入居している高齢者の家族が言った。「待ってよ」と言われた人は、どのような気持ちになるのか。「尊厳」とは、大人として、人間として対応すること。このことを重んじ実践する旭ヶ岡の家では、「待ってよ」はありえない。尊厳は言葉や作法にも及ぶ。開設時から職員は入居者に対して「○○ちゃん」などの幼児語は決して使わない。また居室を出るときには、たとえ本人が寝ていたとしても、必ず丁寧にお辞儀をするのが当然のこととして行われているのだ。

入居者を「成人した大人」と見る。だから「指導員」という職は、旭ヶ岡の家には存在しない。「失礼です。誰を指導するのか。八十歳代、九十歳代の大先輩の人に何を指導するの。今のままでいいのです。そのまま、ニコニコと満足させ良い方向に向けさせる。『高齢になると、人は子どもに戻る』と言う人もいますが、とんでもない。子どもとは全然違う。比べることはできません。聖書をみても、尊敬とか、へりくだるとか、褒めています」と、神父は言葉に力を込める。この精神は、旭ヶ岡の家の最初の職員募集のときに決めた「高齢者を大切にしてくれる人。神父さんの理想を叶えてくれる人」にも示されていたことである。

「入居している方は、みんな活き活きとしていた。生活が充実しているからだと思う。好きな服を着て、化粧をし、おしゃれをしている。楽しそうな様子だった」と、旭ヶ岡の家を訪れた人は口々に話す。これこそが、「尊厳する」の意味なのだ。

6　尊厳を守るための砦――オンブズマン制度

「入居者の身分は、世話をする医師、看護師、ケアワーカー、家族を含めて、上の立場で、私たちはそのための振る舞いをします。『あれもだめ。これもだめ』と、私たちに決める権利があるのですか」と神父が話すように、旭ヶ岡の家では、すべてのことが入居している高齢者本人を中心として決められ、そのための行動がなされる。

施設の廊下には、十年以上前から顔写真と名前を記した職員の紹介が張り出されている。最近では多くの施設で見られるが、当時としては珍しかった。初めてそれを見たある女性は、「進歩的だな。何かあったら、直接その職員さんに言えるし。安心と思った」と語り、続けた。「他の施設では、今でも職員に嫌な顔をされるので、母は自室で小さな声で(キリスト教の)お祈りをする。入居者が職員に遠慮し、気を遣っている」と。このような生活を毎日過ごしている高齢者は、どのような気持ちなのだろうか。「毎日気持ち良く、楽しく暮らしたい」は、子ども、大人を問わず誰もが持つ希望ではないだろうか。

このような生活が確実に送れるようにするためには、どのようにしたら良いのだろうか。施設開設時から、グロード神父は何時も考えていた。

北海道の福祉施設に初めてオンブズマンが置かれたのは、旭ヶ岡の家と聞いた。オンブズマンとは「代理人」の意味で、違法な行為を見張り、苦情を調査し処理する人のことである。神父は「優しさだけ」「人権を守ろうと言うだけ」では、旭ヶ岡の家においても高齢者を守ることは難しいと考えた。そこで人権を守るために、施設内オンブズマン制度を採り入れたのである。

もちろん制度を築くまでも、「各施設長と入居者との懇談会」が、月に一度は行われ意見交換がなされていた。しかし苦情などを、その場で言うのは難しい。そこで一九九五年（平成七年）に、苦情や要望などを施設に対して言い易いように、亡くなった入居者の家族などがオンブズマンとして活動する試みを始めた。その後一九九七（平成九年）年八月に、より中立性を確保し、入居している高齢者の生活を向上させるため、外部の弁護士や民生委員などの第三者による「旭ヶ岡の家高齢者福祉オンブズマン会議」を、施設外の法律事務所内に設けた。入居している高齢者と家族からの苦情の受け付け、要望を聞くアンケートの実施、目安箱の設置など、高齢者のためにオンブズマンは毎日活動を続けている。

今日ではこのようなオンブズマンを置く福祉施設も増加してきたが、開始当時は「どのようにオンブズマンを作るのか」などの問い合わせが全国から多数あるなど、先駆的な取り組みであった。

グロード神父が語る「エレガントに生きるとは」

（グロード神父のコラムより）

文化は贅沢から始まる。それぞれの時代、それぞれの国の文化レベルは、そこに生きる女性が着ている衣装の色合いやデザインの質の高さから評価できる、という誰かの有名な言葉があるとおりである。

人生の最後の時期、老化現象のために肉体はだんだんみすぼらしくなっていくが、おしゃれによってそれをカバーすれば、自分らしい姿を守ることができる。真のケアのベースはそこにある。障害老人が時間をかけて、自分自身について直接的な自信を持てるように、ケアワーカーや周囲の人たちに手伝ってもらいながら、おしゃれをする努力こそ、最高の、そして最後の、人間らしい活動なんだと思う。障害老人のホームこそ、化粧品いっぱいの世界であるべきなんだ。わたくしは、旭ヶ岡の家の老人ホームで、入居者の皆さんに、目の黒いうちにご自分のもっているものを贅沢して使い尽くすことは最後まで楽しく生きる知恵ですよ、と毎日奨めている。

無駄は意味がないが、贅沢は文化そのものだ。おしゃれをする贅沢は、周囲の人によい印象を与える。それは礼儀と親切でもある。

障害老人の世話をする方々は、しばしば、自分たちの都合を優先させて、老人を管理し扱いやすくするために、本人の意志とは関係なく髪をカットしたり、子供さえ嫌うようなみすぼらしくセンスのかけらもないスポーツウエアとか寝間着とかを着せっぱなしにし、また、おしゃれの「お」の字もない履物を押しつけたりする。これは、ケアワーカーの怠慢だよ。

こんなふうにお年寄りからおしゃれのチャンスを遠ざけると、お年寄りはますます自信をなくし、自分をあきらめて惨めになるばかり。

最後まで、最後の最後の臨終のときまで、ベッドの上でも、エレガンスを守ることによって、本人とその世話人が、それこそ本当に明るい優雅な姿になることができる。そんなふうに優雅に明るい人生を締めくくったお年寄りには、心から「おめでとう！」と言いたい。

第三章　深い信仰を通して尊厳を学ぶ

1　聖書の教えを実践、具現化

「聖書には、人間が神の似姿となっているということ、だから一人ひとりの尊厳が尊重されなければならないことが示されている。そして小さな人々にしたことは、神に対してしたことになると聖書に書かれている。だからこそ、高齢者や障害者を神が切り捨てることはない」と、グロード神父は諭すように話す。神父を支える聖書が、旭ヶ岡の家の理念、日々の実践として具現化されている。だから職員は、そのために最善の努力を尽くすだけ。「そうしないと、神が怒るぞ」と、神父は続けた。

グロード神父と家族　生家に友人の日本人画家を迎えて

紹介してきた旭ヶ岡の家を、今日に至るまで築いてきたグロード神父の考えや日々の実践は、どのように芽生えてきたのだろうか。決して思いつきではなく、確固たる信念を持ち続けてきたことは確かだ。このことを理解するために、少年の頃からの姿を追った。

2　フィリップの家族

グロード神父は、一九二七年（昭和二年）六月七日に、フランス西部ヴァンデー県のロッチェセヴィール村で生まれた。人口千六百人ほどの小さな農村であった。神父は幼子であったときの自分を、「生まれた時は口、鼻が大きい金髪のかわいらしい子で、頭のてっぺんに大きなウェーブがあった」と、笑いながら話す。そして「やんちゃで、いたずら好き」「絵を描くのが好きな男の子だった」と、フィリップ少年を紹介する。

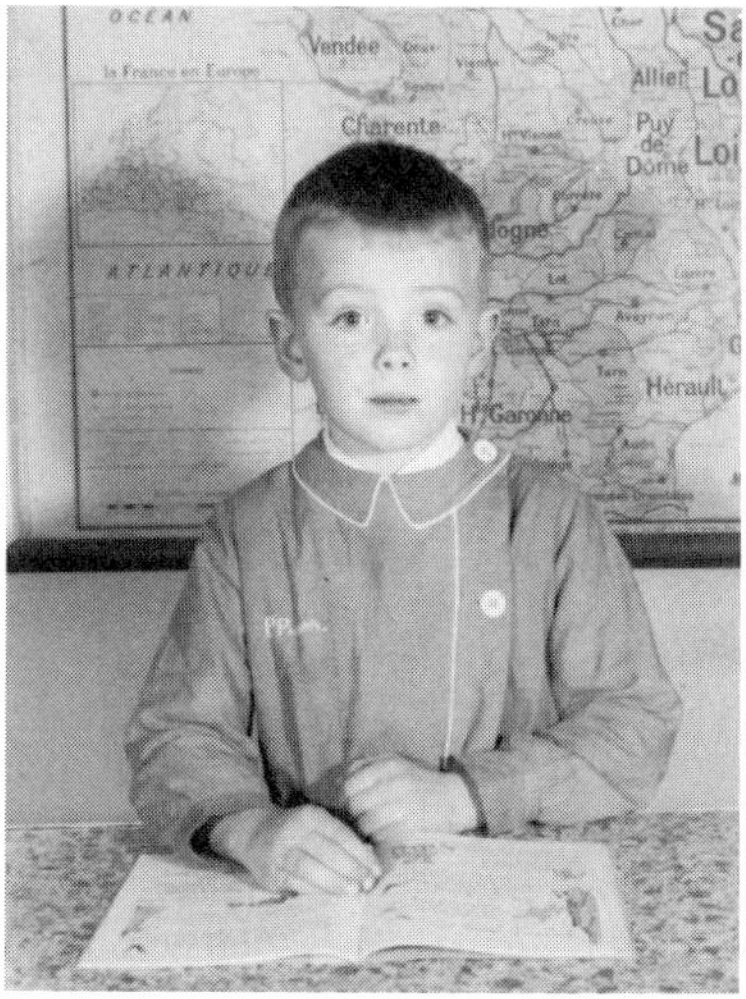

子ども時代

フィリップの家族は、父ペトロ、母ウゼニ・マルタと子ども六人で、彼はその二男として生まれた。グロード家は、ヘンリー四世時代から六百年以上続く旧貴族である。祖父はブルゴーニュの医師、州議会議員で真面目な人であった。先祖代々、州議会議員、村長、医師、弁護士など重職に就いて、家庭は経済的に恵まれていた。所有していた土地は広大で、一つの農地が四十町歩、湖が十一町歩、全部で三百数町歩もあり、農地は小作人に任せていた。といっても、小作人を支配するのではなく、村のすべての人と同等に仲良く親しく助け合いながら過ごしていた。

このような日々の生活の基盤にあったのが、クリスチャンの信仰であった。この地は昔からクリスチャンの信仰が深く、グロード家や近所の多くの人々は、幼いときに洗礼を受けていた。だからその教えの通り、弱い人を助けるなど、みんな兄弟姉妹のような親しい関係にあり、お互いを大切にしながら暮らしていた。

おおらかで穏やかな性格のフィリップ少年は、広大な自然、優しい人達のなかで、神からの豊かな恵みを受けながら、元気にすくすくと育った。

3　伸び伸びと育てた父と母

母ウゼニ・マルタは、敬謙なカトリックの信徒だった。真面目でほがらか、誰からも慕われていた。「母譲り」とグロード神父が話すように、絵を描く才能を持つなど芸術的センスに恵まれていた。また父が出兵している間、母が家庭を守るなどしっかり者としての面も持ち合わせていた。子育ては母に任されていて、生活のすべてにおいて、カトリックの信仰にもとづき躾《しつけ》がなされた。「子どもにとってみれば、厳しかった」と神父はその頃を思い出し、神妙になる。とくに人に迷惑をかけることをすると、食事は抜きで、ひどく叱られた。「今まで、お父さん、お母さんに対してきつく口答えしたとか、反抗したという覚えはないです。考えられないです。大きくなってからも親は親です。子どもは子どもです」と、神父は振り返る。相手に対して思いやることや、人を大切にすることは、「神様を大切にすることと同じ」と、両親から厳しく教えられながらフィリップは成長した。

しかし、それ以外のことは自由に過ごすことができ、縛られることはなかった。「よく危険なまむしを捕まえ、焼いて食べていても、母は『危ないから気をつけなさい』と言うだけで、禁止はしなかった。伸び伸びと、自由に遊ばせてくれた。そのなかで多くの体験を得て、『人生はいいものだ』と子どもながらに思った」と、子ども時代の経験の大切さを実感した。

母ウゼニ・マルタ

父ペトロ

父ペトロは、口数は少ないが、朗らかな人だった。しかし家庭では、父親が決めたことに従うことになっていた。何事に対しても厳格な人で、気軽に話をしたり、遊んだりすることはなかったので、フィリップは近寄りがたかった。「父の膝の上にのりたくても上れなかった」と、少し寂しい思いをしたことを神父は覚えている。父は公証人の資格を持ち働いていたが、多くのフランス人が戦争によりコンプレックスを抱き、戦争から戻ってきた人が働く意欲を失ったのと同様に、父も第一次大戦の兵役を終えてからは社会で活躍しなくなった。しばしば趣味の狩猟に出かけ、広い森を自由に駆けめぐっていた。この父の姿を、グロード神父は自分の人生と重ね合わせ、「私がフランスから海外へ飛び出したのは、父の影響でしょう」と、苦笑いをした。

　母親の優しさのなかでの信仰に由来する躾、父親のあきらめない行動力、そして自然豊かで自由な雰囲気のある日々の生活が、フィリップはじめ六人の子どもたちの将来に影響を及ぼした。いたずら好きの兄（公証人）と妹、美術関係の会社の職に就いた姉、ベネディクト会のシスター（修道女）になった真面目でおとなしい姉。「まとまりは悪いが」と神父は言うが、それぞれ多彩な才能を持つ兄弟姉妹のなかで、フィリップは個性を磨きながら大人への階段を一歩一歩登って行くことになる。

4　人の尊厳を教えられた信仰教育

幼い頃から、母親からさまざまなことを教えられたグロード神父は、「母は家族の魂である」と感謝している。「カトリックの信仰は母親譲り。楽しい雰囲気のなかで、自然にしみ込んだ。神父を目指すようになったのは、母の教えを受けたのも一つの理由」と、神父は話す。

グロード家では子ども全員、幼い頃にカトリックの洗礼を受ける。しかし教会のことが良く理解できるようになるまでは、一緒に教会へ行くことはなかった。少し大きくなると、日曜日は朝食前の六時と午後に家族一緒に教会へ出かけた。教会をさぼることは、許されることではなかった。自宅でも、毎日夕食後に家族や家で働いている人が家庭の祭壇の前に集まり、祈りが行われるなど、日々の暮らしの中心に信仰があった。

しかし毎日の祈りの時間は、子どもにとっては我慢する時間で、楽しくなかったようだ。次のようなエピソードを神父は思い出した。私たち六人の子どもは、年齢順に並び、母を中心に二十分間くらい祈りを捧げていた。あるとき、フィリップは母に尋ねられた。

「あなたの一番好きなお祈りは何」

「マリア様の保護を求めるお祈りだよ」

「どうして」

「だって、(祈りの時間の)最後のお祈りだから…」

と答えたとき、母はがっかりした表情だったことを、グロード神父は今でも憶えている。母の期待、気持ちが、子どもに伝わらなかった瞬間である。フィリップは、子ども心に母に対して「悪いことを言ったな」と、思ったかもしれない。

また、毎年クリスマスの時期になると、自宅の食堂にキリストが生まれた馬小屋のミニチュアが姿を現わす。包装紙で岩、チョコの銀紙で川、木とわらで馬小屋を作る。すべてが手作りだった。美術のセンスがある母が設計者、子どもとメイドさんが製作者。毎年、少しずつデザインを変え、クリスマスイブまでに仕上がるように毎日作業が続けられる。「夢いっぱいの馬小屋だった。今でも目に浮かぶ」と話す。馬小屋の前で、毎晩お祈りが捧げられる。その後「イエス様のために」と、お小遣いから小銭をひとつ、あるいはおやつのお菓子を、自ら捧げることになっていた。そして集めたものは教会のバザーで売り、そのお金でお菓子を作り、貧しい家に配ったりするのだ。ある晩、フィリップは「あめ玉」を一個差し出した。母から「これだけ」と尋ねられたが、ポケットの底にあるあめ玉を隠して「うん。それだけ」と答えたこともあった。

しかし、フィリップにとって厳しい事件も起こった。馬小屋の周りに六人の子どもたちに見立てた「羊の人形六匹」が置かれ（リボンの色で、誰がどの羊かが分かるようになっている）、寝る前の祈りの時に、一日の行いにより自分の羊の人形が動くことになっていた。「良い行いがある」と馬小屋の方に進み、「悪い行いがある」と井戸の方に後退するのだ。いたずら好きの兄、フィリップと一番下の妹の羊が後退することが多かった。ある時、これ以上下がる場所がなくなり、とうとう三人の羊が井戸の底に落ちてしまったのである。今から思えば、笑って済ませられるが、当の子どもたちにとっては一大事だったようだ。

家庭における深い信仰生活から、「自分の本当の幸せは周りの人たちの幸せを経てやってくる。他人の苦痛を見ながら、私たちは幸せになれない」ことをフィリップは学んだ。「自分を育ててくれたのは、家庭における信仰を中心とした教育と学校であった」と、神父は振り返る。

5　いたずらで大活躍の子ども

当時、小学校就学前に幼児教育を受ける子どもは数少なかったが、一年間、フィリップは幼稚園に通った。しかし朝元気よく幼稚園に向かっても、そこでおとなしく過ごす子どもではなかった。ともかくやんちゃだった。グロード家で働くメイドの子と示し合わせて幼稚園から逃げ出し、母に見つかり連れ戻されることも一度や二度ではなかった。

小学生になると、村にある小さな学校に三十分ほどかけて自転車で通学した。そこでも、フィリップのやんちゃぶりは変わることがなかった。勉強よりも友だちと遊んだり、自分で考えたいたずらを実行したり、先生にとっては手のかかる子どもだったようだ。しかしフィリップにとっては、自由な世界で、楽しい時間であった。

とくにバカンスは、多くの体験を積む機会で、その後の人生を歩む糧《かて》ともなった。七月初めから八月末までの夏休みの前半は、家族で自宅から六十キロほど離れたサン＝ジャン＝ドゥ＝モンの海辺に家を借り、毎年避暑に出かけていた。楽しい日々で、今でもその頃の風景が神父の頭をよぎる。小学校の一、二年生の時である。引き潮になると三キロほどの砂浜が現われ、そこで海草や貝殻を拾い集めたり、五、六人で砂の城を作ったりしていた。「満ち潮になる頃に、自分が作った砂の城の上に各自が座り、波がきても最後まで座っていた人が勝ち」という我慢比べのような遊びをしていた。最後には、子どもたちは砂と潮にまみれ、泣きながら母に助けを求めることになるが、母は黙ってそれを見守っていた。また一回五十円ほどの貸しロバに、よく乗った。ロバが疲れてストを起こすと、冷たく濡れた涼しい砂のところから一歩も動かず、困り果てて泣いてしまったなど、思い出話は尽きない。

夏休みの後半は、私有の農地で遊び過ごした。湖があり、鴨、山鳩の狩りで走りまわるなど、広大な自然がフィリップの遊び場であり、勉強の場でもあった。一方机の勉強は、夏休みの終わる二週間程前になると、両親が家庭教師を雇い、急いで宿題のノートを広げさせた。

フィリップは、多くの自然体験をとおして、行動力、思考力など人生を生きるための力を、笑ったり、泣いたりしながら、愉快に養っていたのである。

しかし学校ではいたずらばかりして遊びまわり、ほとんど勉強はしなかった。一、二年生のうちは、「そのうち変わるだろう」と、両親ものんびりと構えていたが、さすがに学年が進むにつれて彼の姿に困り果てた。ついに四年生になるとき、地元から離れることになる。フランスの大西洋岸の古都ナント市内の伝統あるカトリック男子校サンスタヌ校へ、フィリップは転校させられてしまった。そこでたくさんの仲間のなかでさまざまなことを学び、一八歳まで成長する。

さすがに、学校の勉強も厳しくなり、数学、語学の他に宗教の時間（哲学、神学）も加わり、試験の合格により進級が決まった。フィリップの得意科目は歴史と語学（英語、仏語）で、何時もトップの成績であり、とくに語学は「娯楽の時間」と思っていた。しかし嫌な数学は「苦痛の時間」であったらしい。二、三人の仲間と「わざとビリを狙って零点をとろう」と努力したほど。残念なことだが、大好きな美術は、戦争中であったため授業時間はなかった。そのため自分で絵や漫画を描いたり、詩を書いたり、芸術的なセンスを磨いていた。

カトリックの学校ゆえ、当時からボランティア活動にも積極的に取り組んでいた。生徒たちは嫌がることもなく、自然のこととして活動に参加していた。このような学校生活で、「クリスチャンとしての信仰、私の魂が育っていった気がする」と、神父は言葉を噛みしめながら懐かしんだ。

両親が心配していた勉強は、次第に進展したが、フィリップ少年の遊び心は以前と同じであった。母をはじめみんなは、「自宅を離れ厳しい寄宿舎に入ったので、真面目に生活をするだろう」と期待していたが、彼のいたずら好きは変わることはなかった。

「授業前にクラスの生徒の鞄に子猫を入れたことがある。そうしたら、授業中に『ニャー』と泣き、その生徒がびっくりして鞄を開けると、猫が逃げ出し教室を走り回った」「寄宿舎の部屋で、就寝時刻を過ぎてもふざけていた。ベッドで寝ている友だちに物を投げたり、布団をひっくり返したり、引きずったり」と、彼のいたずらは昼夜にかかわらず大活躍していた。いたずらが見つかり、罰として週末自宅に帰宅できず、寄宿舎に残されたことも度々であった。

しかしフィリップは、くじけない。寄宿舎に残された生徒は、強制的に七キロほど校庭を散歩させられたが、フィリップは途中で逃げ出しさぼり、終わる頃にまた散歩の列に加わるなど、楽しい毎日を送っていた。その頃のいたずら話を披露する神父は、「はっはっはっ、愉快だったね。面白いでしょ。楽しかったね」とニコニコと微笑み、その顔はいたずら好きのフィリップ少年に戻っていた。

だが明るく楽しかった学校生活は、第二次世界大戦が始まると、次第に変わってきた。フィリップが通う学校でも、校舎の半分は軍の病院に改造されるなど、戦時中の暗たんとした社会、生活となった。寄宿舎も爆撃を受けそうになるなど、しだいに身に危険が迫り、生徒らは寄宿舎から田舎のアパートや古い城に疎開した。戦争と住み慣れた場所からの引っ越しで、不安な気持ちで一杯な生徒たちだったが、古い城に住むことになったフィリップだけは、そこでの生活も愉快に楽しんでいた。周辺の農家と仲良くなり、内緒で動物を飼ったりしながら元気に走り回る姿があった。どんな時でも、どこに居ても、どのようなことがあっても、「愉快だねぇ」と思えるら

高校の先生・仲間（中央の院長の左後方で左手のひらを胸にあてているのがフィリップ）

しい。このような生活を過ごすことにより、「『人生はいいものだ』という明るい楽観主義が私の心に植え付けられた」と、グロード神父は子ども時代の行動と今の仕事とを関連づけ分析した。

しかし一度だけ失敗して、人生の一つの転機となったことがあった。ドイツが戦争に負けたことを喜んでナント市では多くの高校は臨時休校になり、生徒は外でワイワイと喜んで騒いでいた。しかし自分が通っていた学校は休みにならず授業をしていたので、反発したフィリップは学校をさぼりお祝いのお祭り騒ぎに級友を引き連れて参加した。学校に戻るとそのことが、発覚していたのだ。ついに、いたずら少年フィリップは、大学入学資格を得る前に学校を退学させられてしまった。

6 「神父になりたい」と

田舎の親元に帰らせられたフィリップは、家庭教師を付けられ猛勉強を開始した。今までに誰も見たことがないような姿であった。苦手な数学の勉強は、なんと小学校の教科書を取り出し、一からやり直すという具合だ。その熱心さもあり、十八歳のときに大学入学資格試験バカロレアにトップの成績で合格した。高校には復学しなかったものの、高校の先生は退学後も心配して、いろいろと相談・援助をしてくれた。

さて、次に迷うのは将来の進むべき道である。フィリップは「将来は建築家か、医師になりたい」と考えていたが、大学に入学する直前になって、突然「神父になりたい」と先生に相談した。これには高校の先生も驚いたが、彼の性格を考えながら答えた。「イエズス会やドミニコ会は硬すぎて、フィリップでは一週間も持たないし、向かない。パリ外国宣教会ならば良いかも」と。

カトリックの学校に通っていたが、同じ学校から神父になった生徒は二人か三人。そのなかでフィリップは、「神父になりたい」となぜ突然言い出したのか。小さかった頃の宣教師との出会いか。家で働いていたメイドに「神父になりなさい」と言われていたことか、それとも母の信仰の影響か。これらのすべてのことが重なり合い、「神父になりたい」と発したのではないか。幼い頃からの体験や思いは、大人になっても心の奥底に残っているものだ。グロード神父は、その幼い頃の宣教師との出会いを話し始めた。

子どもの頃、グロード家にはマダム・オルタンスという洗濯をしてくれる女性が働いていた。子どもたちに、毎日聖書の話などをしてくれた。話は楽しくて、心地良かった思い出がある。フィリップが四歳の頃、彼女は「何時かは神父になるんだね。いい子だね」と、何時も声を掛けていた。その彼女の甥がアフリカで活動していた聖フランシスコ会の宣教師で、故郷に帰って来るときにフィリップも一緒に出迎えに行った。初めて見る宣教師の姿が、今でも目に残っている。「黒っぽい僧衣、ぶらりと下がった腰縄、裸足」といういでたちの姿が。「オルタンスが、『あなたの跡継ぎになるから』とフィリップを紹介すると、『よし、よし。いいですね』と抱きあげて口づけをされた。そのときにとても感激、興奮した」ことを、ひそかに「宣教師になったらアフリカに行けると思った」ことを、グロード神父は今も鮮明に覚えている。

子どもの頃にあったすべての出会いと体験のなかに、「フィリップを日本に行かせよう」という、神のお考えがあったから、「神父になりたい」と力強い言葉が、大人へと成長するフィリップ少年の口から自然に出たのではないか。

7　何とか卒業した大神学校

神父になるためには、大神学校に入学し、厳しい勉強をしなければならない。フィリップは、フランスのパリにあるパリ外国宣教会の大神学校の寄宿舎に入り、哲学を三年間、神学を三年間学んだ。パリ外国宣教会は世界各国に支部が置かれているので、各国から教師や学生が集まっていた。百二十名ほどが神父になるため真剣に学んでいたが、フィリップは少し退屈気味に毎日を過ごしていた。「規律が厳しく、生活パターンが単調で面白くなかった」と当時を振り返る。生活を「面白い」か「面白くない」かで決めるのは、神父になる学校でも変わることはなかった。

早朝の共同黙想・祈りのときにも、フィリップは集合時間ぎりぎりまで寝ていたので、パジャマの上に法衣を着て参加するなど、子どもの頃からのやんちゃぶりは少しも変わっていなかった。入学して月日が経ち、いたずらはまた活動を始めた。連続的に。

神学生時代

「校舎の四階から、階段の手すりに腰掛け滑って降りていたら、降りたところで学長にばったりと出会って、驚かれた」「聖ヨゼフ像の首にディプロマ（「外交官」という名の葉巻）の箱を、ひもでぶら下げて叱られた」「ろうそくを持っていたら、ろうそく台のスプリングがゆるんで、ピョーンとろうそくが飛んでいった」など、誰もすることがなかったことを続けていた。医務室の当番になったときにも、そこにじっとすることができずに、考えられないことをやり出した。「ミルクコーヒーを自由に貰って飲み、勝手に自分の腕に注射をした」「医務室担当は、特別に用事があれば外出が可能だったので、自転車で出かけて、芝居小屋や美術館に行った」と、目に余るような行動もあった。いたずらの度が過ぎ、神学校を退学させられそうになったときもあったが、同級生とは半年遅れながらも大神学校を何とか卒業することができた。

もちろん、いたずらばかりしていたわけではない。哲学、神学などの難しい勉強を続け、「生きる意味」について考えることも多々あった。毎日曜日、生まれつき目が見えない人がパイプオルガンを弾いているのを見て、「誰にでも、素晴らしい可能性があることを、再認識したことがあった」とグロード神父から聞いた。

パリ外国宣教会（パリミッション会）

フランス共和国のパリに本部がある、カトリック（キリスト教）の男子宣教会。一六五八年に宣教地へ代牧の派遣を決めたことが創立のきっかけで、一六六四年八月に宣教会として教皇より公認された。人口は多いが教会が少ないアジアの各国に神父を派遣するなど、東アジアの宣教に力を入れている。日本に対しては、一八二〇年頃から、フランス国家の援助に支えられ強力に推し進められた。一八四四年にフォルカード師が琉球を、一八五八年に修好通商条約の締結時の通訳としてメルメ師が江戸を訪れた。一八五九年にはジラール師がフランス総領事とともに江戸に到着した。明治以降は多くの神父が来日し、日本のカトリックの宣教に大きな影響を与えた。また有名な長崎市の大浦天主堂を建築するなど、西洋文化を日本に広めた。

北海道の宣教にも力が注がれ、函館地区はその中心となった。函館には、メルメ・カション師が一八五九年に訪れ仮聖堂を建て、四年間にわたり、布教、フランス語の教授、仏英和アイヌ語の辞典を執筆するなど大きな影響を与えた。一八六七年にはムニクー師とアルムブリュステル師が司祭館を建て、一八七七年にマラン師が木造聖堂を建立した。

8 「兵役」は楽しいバカンス

大神学校四年生の二十歳の時に、フランス軍へ入隊する兵役があった。「これが神学校時代で最も面白い経験でした。楽しかったね。神学校は厳しかったので、兵隊に行くことが私にとってはバカンスだった」と、グロード神父は大声で笑った。神父は、軍隊の厳しい生活や訓練までも楽しんでしまう。入隊したら、「面白いから」という理由だけで、他の人はみんな避ける「落下傘（パラシュート）部隊」

を自ら希望した。しかし眼鏡をかけていることで断られ、「予備将校の学校へ行け」と上官から指示された。でもどうしても落下傘を経験したいので、むりやり頼み込み、落下傘を畳んだり補修したりする仕事をしながら、落下傘部隊の補欠要員にしてもらった。待ちに待って、とうとう落下傘で飛べるチャンスが訪れた。

「飛ぶ寸前まで、禁止されていた眼鏡を隠して、そして飛行機から飛び降りたらすぐに眼鏡をかけた。昼間は雲の上から、フランスとスペインとの国境になるピレネー山脈や放牧中の牛などの景色が見えてとても楽しかった。七回ほど落下傘で飛行機から落とされたが、愉快だったね。しかし夜間は怖かった。真っ暗なので、上っているのか下っているのかもわからず、非常に緊張して怖かった」と。楽しみながら、フィリップは落下傘のライセンスまでも取得してしまった。

厳しい軍隊生活でも彼の性格は変わることはなかった。予備将校に昇進して、部下が十五、六人になった頃である。上官の命令をちゃんと聞いていないにもかかわらず、「わかっている。大丈夫だ」と知ったかぶりをして、ピレネー山脈の麓で部下とともに道に迷ったのである。「やっとの思いで、基地に戻ることができた」と、冷や汗が出たことも。「軍隊生活は、神学校よりも楽しいね。いろいろな経験ができたしね」と、グロード神父が喜ぶ姿を誰も憎むことはできない。

第四章　高齢者施設の開設へ向けて

1　大神学校を終えての旅立ち

軍隊での兵役をはさみ、大神学校生活を終える頃、北海道では、急増したカトリック求道者と信徒に対する宣教のため、神父が不足していた。そこで札幌の司教が、「函館地区の教会を受け持ってくれる若い神父をお願いしたい」と、パリ外国宣教会の本部に依頼した。そして「お前のような暴れる奴は、新しい空の下がいいだろう」と、フィリップの函館行きが決まった（司祭への叙階の前に決まっていた）。日本への派遣が伝えられた彼は、「日本は好きで、『やった』

神学生のフィリップ（右から３人目のメガネをかけている）

と思ったね」と。日本の美術、とくに浮世絵に引かれていたからである。「楽しみだね」と、日本への出発の日を心待ちにしていた。そして一九五三年一二月一九日に、司祭に叙階された。その時に配った絵に、「朽ちる食べ物のためではなく、いつまでもなくならないで、永遠の命に至る食べ物のために働きなさい。」（ヨハネによる福音書6・27　聖書新共同訳）と記されている。

その派遣を聞いた故郷の母は、遠く離れたアジアの端に位置する日本を思い浮かべながら、「頑張って。毎週、手紙を書いて欲しい」と、息子の後ろ姿を見送った。神が決めた遠い国に、神の話をするために出向く息子を見送る母の気持ちには、複雑なものがあったことだろう。大神学校の教師からは、「日本はシベリアと同じなので羽毛布団、毛皮、スキーを持って行きなさい」と、温かなアドバイスを貰い、フィリップは遠く離れた日本に向けて祖国フランスを旅立った。

フランスから日本までは、船に乗る長旅であった。飛行機が一般化していない時代だったからである。今日ならば、半日ほどで往き来できる距離だが、フランスのマルセイユ港から横浜港まで各国に寄港しながら、約四十日かけてフィリップは日本にたどり着いた。

初めて見る日本の国、日本人。でも、全く話せない日本語。そのなかでのキリスト教の宣教という大仕事。グロード神父が日本の地に立ったのは、一九五四年(昭和二九年)六月のことであった。

2　好奇心一杯で向かった北の大地

パリ外国宣教会では、派遣する宣教師に贈る言葉があった。「宣教師になって他国に行ったなら、その国の人になりなさい」である。グロード神父が日本の国籍を取得することではない。「生活、文化などを受け入れ第二の故郷とし、日本国と日本人を愛し、そこに住む人のために力を尽くしなさい」という意味であろう。

来日前から神父には、一つだけ心配なことがあった。それは、食事のこと。しかし抱えていた最大の悩みは、直ぐに解消した。「日本に着いて、初めて食べたのが、天ぷらそば。美味しくて安心した」と。だが食後に出てきたお茶を飲むことができなかったことは、忘れられない。「フランスの甘いお茶に慣れていたので、日本茶は苦くて飲めなかった」と笑う。今では日本茶がなければ、話をするのにも事欠くのに。

日本に到着して、最初にしなければならない仕事は、言葉の習得である。話すことができなければ、宣教はできない。そこで、到着すると直ぐに東京で日本語を学ぶことになった。しかし、「日本語の学校に入学しましたが、その三年課程が長くて途中で逃げた」のである。でも、逃げても何とかしてしまうのがグロード神父である。毎日の生活のなかで独学により日本語を習得してしまった。

その間も神父は、一カ所に落ち着くことなく、言葉を覚えていないにもかかわらず、日本のあちらこちらをまわる旅を重ねていた。それまでの生活と同じように。「見るもの、聞くもの、すべて面白かったね。好奇心一杯だったよ」と。興味関心は、神父を能や歌舞伎の舞台、美術館などにも足を運ばせた。何事に対してもチャレンジし、多くの日本文化に触れ楽しんだが、「スキーだけは、自分に合わなかった」と、唯一楽しくなかった経験もあった。

予定されていた赴任先である函館市のカトリック元町教会には、

一九五六年（昭和三一年）六月一六日に到着した。上野駅を機関車に引かれた列車で出発し、一日かけて青森へ。そこから、青函連絡船で津軽海峡を渡り、賑わいのある函館駅に。この北へ向かう不安で少し寂しくも感じられる長旅も、グロード神父の胸の内は見たこともない地への好奇心で一杯だったのではないか。まだこのときは、函館に半世紀近くの長きに渡り住み、高齢者施設に携わることになるなんて、夢にも思わなかったことだろう。ただ神父の心の奥では、「函館でも、何か愉快なことをしたい」と計画していたに違いない。

函館市内のカトリック元町教会に着任すると、ジャン・ピエール・アインシャルト主任司祭のもとで助任司祭を務めながら、次に司祭として派遣される教会をのんびりムードのうちに待つことになった。当時、元町教会には年齢の若い人も多数集まっており、神学校を終えたばかりの若いグロード神父は、青年たちとさまざまな活動に取り組みながら楽しく過ごしていた。

3　初めての赴任地、八雲町

函館から新たな教会への派遣の時が来た。一九五六年(昭和三一年)一一月の寒い日のことであった。グロード神父はオート三輪車に荷物を積み込み寒さで震えながら、赴任地の北海道八雲町に到着した。その姿を見た八雲教会の信徒は、「黒のベレー帽、色白く眼鏡の奥底に深い人柄を感じさせる若い神父」と記している。神父の心には、「これから本格的な日本での宣教、暮らしが始まる」と、希望と期待を抱くとともに、厳しい活動に対する不安もあったかもしれない。大歓迎を受けた神父は、一九六〇年(昭和三五年)九月までの四年近くの間、カトリック八雲教会で主任司祭として活躍する。

八雲町は函館市内から約八十キロメートル、札幌方向に向かう途中に位置する。美しい山と海があり、酪農と漁業で栄えている町である。北海道みやげの代表の一つである「木彫りの熊」と「バター

現在の八雲教会

飴」の元祖の地でもある。グロード神父が就任するまでは、教会に神父は常駐せず、日曜日のミサのときにだけ神父が訪れる教会であった。信徒数が七十名ほどに増え、信徒は神父が在住することを待ち望んでいたのである。

当時の八雲教会は、八雲マリア幼稚園を含み、木造モルタル二階建てだった。その教会に住み生活を始めた神父は、まだ日本語は十分話せる状態ではなかった。毎日の生活が勉強で、八雲で日本語を習得したと言っても過言ではない。だから「うんだ、うんだ」「いるべ」「しゃっこい」など地元の言葉が今も上手だ。

神父は、教会に一日中留まっていることは少なく、オートバイで長万部、森、今金、瀬棚町他、広い地域を駆け巡るなど、持ち前の好奇心と行動力で毎日楽しく仕事を続けていた。教会では、遠足、人形芝居などの催しも行い、また近くの病院で人形芝居をしたり、クリスマスには、信徒とともに子どもの頃自宅にあった馬小屋を作ったりと、信徒や地域の人々を楽しませていた。

そんな日々の付き合いのなかで、「人懐っこくていいね」「みんな温かな人だね」と、日本人の心を感じていた。町内に住む外国人はグロード神父一人であり、その熱心な活動は地元の人たちに知られるようになり、「親切な外国人」と親しみを抱かれるようになった。そして毎晩のように誰かから夕食に呼ばれ、「塩辛、じゃがいも、さんま、ウイスキーなどをご馳走になった」と言う。「みんな親切にしてくれた。『人情』という言葉を覚えた」と、これから活躍する原動力が豊かな自然と人情ある八雲の町で次第に神父のなかに蓄えられていった。

4　函館元町教会における活躍の始まり

地元の人たちの人情に支えられながら愉快に過ごしていた八雲教会を後にし、一九六〇年（昭和三五年）九月一〇日に函館のカトリック元町教会へグロード神父は活動の場を移した。そこで一九六一年（昭和三六年）四月から一九七七年（昭和五二年）三月まで、ジャン・ピエール・アインシャルト神父の後を継ぎ、第二十七代の主任司祭を務めた。

教会は、函館山の麓、港に通じる石畳の大三坂の途中にそびえ、六角屋根の上に大きなおんどりの鐘楼がある姿に歴史の重みを感じ

2009年に150周年を迎えたゴシック式の元町教会

る。教会の内部は、すばらしい。中央に置かれたイタリア製の木彫の祭壇などは、日本で唯一ローマ法王から贈られた由緒あるものだ。

元町教会を訪ねると、玄関に「この教会は一六一四年の切支丹追放令以来、日本に於けるキリスト教宣教再開の先駆けとして横浜市の山手、長崎市の大浦と共に最も古い歴史を持つ教会である」と記されている。教会は一八五九年(安政六年)に、パリ外国宣教会のメルメ・カション神父が旧称名寺の境内に仮聖堂を設けたのが始まりである。初代の教会は木造、二代目はレンガ造りであったが、一九二一年(大正一〇年)四月一四日の大火により、二千戸を越える住宅などとともに、外壁を残して焼失した。焼けたレンガの上にモルタルを塗るなどして、一九二四年(大正一三年)一一月二五日に再建されたのが現在の姿である。元町教会の歴史は、函館の歴史でもある。

グロード神父は、この地で活動を始める。八雲町に比べると函館市は大きな街であり、また、一九六二年(昭和三七年)からはカトリック教会の函館地区長を兼務するなど、仕事と責任が増えるなか、社会福祉・教育や文化的な活動に対しても積極的に取り組んだ。

教会では、集会室から何時もにぎやかな声が聞こえるなど、みんなと楽しく活動的に過ごしていた。しかし神父は何時も信徒に対して、「自分たちだけが良ければいいというのはいけない」と、自分自身にもよく言い聞かせながら話していた。神父や信徒は、神の教えのとおり奉仕する精神を重んじ、日々教会のため、社会のためになる活動を行っていたのである。

また神父は得意な文化的活動にも取り組み始めた。それは、演劇や合唱など多方面に及んだ。「アレルヤ劇団」を信徒により結成し、一九七一年（昭和四六年）一月には、神父自ら脚本の宗教劇を公演し、後に年一回の定期公演となった。また、一九七四年（昭和四九年）に教会内に「ジュニア・チェチリア合唱団」を結成。団員を一般公募し、グレゴリオ聖歌合唱曲を披露するなど、忙しいなかでも多方面で活躍した。これらは、常に教会の外に対しても開かれていた。さらに一九七一年（昭和四六年）に、教会で市民を対象にカトリック文化活動「第一回カトリック市民教室」を開催している。今でいう公開講座で、文化活動の第一線で活躍している人を招いての講演会などを行い、市民から好評を得た。このように信徒のみではなく、函館の街の人に対して、活動を続けるグロード神父の姿は、次第に多数の市民から愛される存在となった。

新たな活動を持ち前の発想と行動で推し進めたが、この力の源は、子どもの頃に身に付けたいたずらの賜物《たまもの》だろうか。これらは、後の旭ヶ岡の家の取り組みにおいて活かされることになる。

5　すべてを高齢者のために

グロード神父は、現在は旭ヶ岡の家で寝起きしているが、このことを予想した人は当時誰もいなかった。そもそも神父自身も、「お年寄りの施設を創るなんて思ってもみなかった。少しも考えなかったよ」と、真面目な顔で話す。神父が施設を建設することになったきっかけは、函館市役所の相馬厚生部長の「今後は老人施設が必要だ」という一言であった。神父は、「その一言にすっかりはまってしまった」とよく話す。その頃の函館には、特別養護老人ホームは一カ所のみで、寂しい老後を送っている独居の高齢者が多数住んでいた。そこで市民の多くは、高齢者施設の建設を待ち望んでいたのである。

しかし、市役所から話があったからといって「はい。わかりました」と、すぐに施設を建てられるものではない。「問題が大きいので、自分一人では決められない」と返事をし、教会の信徒に相談を持ち掛けた。この話を聞いた信徒、とくに女性は、その話に熱心に耳を傾けた。「家庭として、社会全体としての切実な問題と認識していたから」と、当時神父から相談された女性は振り返る。神父はいろいろと考え、悩んだあげく施設を創ることになるが、もちろんお金を儲けたい気持から決心をした訳ではない。むしろ多額の費用と苦労を要するだけかもしれない状況であった。それにもかかわらず「建設しよう」と決めたのには、「宣教師として、一人の人間として、弱い者に目を向けるべきだ」という、幼い頃から培われた信念があったからであろう。それに持ち前の、新しいものに対する好奇心、チャレンジ精神が加わり、結果として「せっかくやるのだから、素晴らしいものに」と意欲的に考えたのではないか。

夢への最初の一歩を踏み出すと、「いざとなったときには、神父様のために何かをしようと思っていた」と、建設のために、神父のもとに有志が多数集結したのである。このことは、当時の新聞に「寝たきり老人に朗報　専用のホーム建設へ」と大きな見出しが付けられ報道されたことからも、期待の大きさがわかる。

「施設を創る」といっても、高齢者施設を建てた経験などは誰もあるはずもない。そこでモデルとなる素晴らしい施設を世界中に探し求め、神父は日本を旅立ったのである。「外国に行って、実際にお年寄りのニーズを研究しました」と、持ち前の行動力が始動し、そして旭ヶ岡の家という素晴らしい施設に息吹を与えることになる。

6　教会における社会福祉活動

これまでにも神父はさまざまな社会活動に取り組んでいた。このことがやがて訪れる高齢者施設開設の背景にあったことは確かである。北海道のカトリック教会としても、世の中が戦後から経済成長期へと移り、社会的弱者といわれる人々に対して援助する活動が活発化していた頃でもある。

グロード神父は元町教会の仕事とともに、教会の敷地内にある元町白百合幼稚園の仕事、社会的活動の仕事を、前任のアインシャルト神父から引き継ぎ、信徒とともに昼夜なく働いていた。その社会的活動の仕事の一つに、貧しい人に対する活動があった。これは、戦後の家のない人たちのために、田んぼの中の一軒の家から始まった支援活動である。

一九五六年（昭和三一年）、元町教会のヴィンセンシオ・ア・パウロ会（一九三三年に設立。普通の社会生活を送りながら、弱い立場の人々を思いやり自分を捧げる、まわりの人に仕えていく生き方を行動で示すことを精神として世界百三十四カ国、九十三万人の会員で活動している）が中心となり、生活困窮者に家屋を建築して贈るなどの活動である。神父も信徒と一緒に毎日、困窮している家庭を三、四十軒くらいまわり、家の補修や書類の手続きの手伝いなどに明け暮れていた。教会の信徒だけではなく、「困っている人々に愛の手をさしのべる運動です」と、一般市民にも呼びかけながら行われた。この日々の活動で、「一人暮らしの孤独な人が多いこと」を神父は肌で感じ、「この人たちのために、私たちは何かできないだろうか」と、信徒、市民の人たちと真剣に話し合うことも度々であった。

7　社会福祉法人の設立

元町教会の信徒が廃品回収、物品販売、バサーなどにより資金をつくり、一九六〇年（昭和三五年）に開設したのが児童厚生施設カトリック少年の家（児童館）である。これはアインシャルト神父が、アメリカの映画『少年の町』を見て発案。慈善事業が盛んな時期でもあり、教会の青年グループが中心となりボランティア活動で開設したものである。建築材料は取り壊した家の廃材を貰い、借りたトラックで運び、「泊まり込みもしながら建てた」などの苦労話もある。そこは学校から帰宅後の遊び場を提供し、平日には八十人、土・日曜日には二百五十人もの子どもたちが利用するなど、地域の少年育成に貢献した。

一九六四年（昭和三九年）三月に、これらの福祉事業の充実・発展のために、社会福祉法人函館カトリック社会福祉協会を設立し、その初代理事長に、当時活動に関わりが深かったグロード神父が就任した。神父は、忙しい教会の仕事と平行して社会福祉の仕事にも関わることになる。一九七三年（昭和四八年）にうみの星保育園の認可・開設、一九七五年（昭和五〇年）に知的障害児通園施設うみのほし学園を開設、グロード神父は自ら園長として先頭に立ってその運営を担った。さらに一九七六年（昭和五一年）には今金町の要請により、今金小百合保育園を開設するなど、社会の要望に応えるように社会福祉の事業を精力的に拡大した。

このような活動を行っていたので、函館市役所厚生部長から「これから日本で問題になるのは、老人のことだろうから、なんとか老人ホームを建ててもらえないだろうか。将来は老人が増える。これからのお手本になるようなホームを建てて欲しい」と、市民からの要望として神父のもとに話があったのである。

8 「望んで入る施設」に

グロード神父は、「高齢者施設を建設するならば…どのようなものが理想か」と想像した。「老人ホームは、年齢をとったらみんなが望んで、競争して入るものだ」と、考えた。「新しく建設するならば、基準の最低の施設を創るのではなく、それを上回る施設にしよう。理想を高く持って、素晴らしい施設を創るために進んでいきたい」と、最初にこの想いを抱いた。「年齢をとったときに、ゆとりある生活をしたい。家族も誇りを持って、身内(高齢者)を入れられるようなホームを望んでいるはずだ」と、質の高いホームを目指すことにした。実際に完成した施設は、当時の特別養護老人ホームでは考えられないような、広くゆったりとした玄関ホールや廊下など、当時の基準の一・五倍もの広さがあった。

理想は高く掲げたものの、施設を創るために必要なものは資金である。しかし、教会にも神父個人にもほとんどなかったので、誰もが心配した。神父は真面目な顔で「後から（お金は）来るのです」と話したが、資金集めは大変だったようだ。神父は自分の私財を出したうえに、親戚、友人、知人に援助を頼むため、自らフランスに向かった。「日本に居る友に」と二百万円の金の延べ棒を寄付してくれたパリの友人、オーストラリアのケアンズから二千万円を郵便小包で届けてくれた友人の医師など、資金は世界各国から届けられた。インドスエズ銀行から無担保で二千万円借りることも。世界中に「函館市に高齢者施設を建設する」という話が伝わったように、国境を越えた各地から次々と資金が振り込まれた。これには誰もが驚いた。

もちろん、建設への活動も最高潮となる。グロード神父の熱意が伝わり、「老人ホームを建てる」という夢を抱いて、教会の有志を中心とした多くの市民が資金集めのために募金活動を行った。週末には、神父を先頭に、デパートや駅前などで「お年寄りに太陽を」

のスローガンを掲げ、「施設建設のためによろしくお願いします」と朝から夕方まで、声がかれ足が棒になるまで立ち続けた。道行く多くの人々は、呼びかけに温かく応えてくれた。募金活動をさらに進めるために、「旭ヶ岡の家建設募金委員会」が組織され、一九七五年(昭和五〇年)から三年間にわたり、町内会、知人や商店を一軒一軒まわり熱心に募金を集めた。その結果、予定額を上まわる一億円もの寄付が集まったのである。神父は、「寄付は信徒だけではない。市民のみんながしてくれた。ボランティア精神の表れだ」と、今も感謝している。

さらに「老人ホームは社会全体で支えていかなければならない」と、経済界にも積極的に協力を求めることにした。函館市流通センター、函館商工会議所、ロータリークラブ、ライオンズクラブなどが中心となり「旭ヶ岡の家建設期成会」を結成、約一億円の資金を集めた。他にも、チャリティオークション、パーティーの開催、空き瓶回収、また函館市の競輪事業からの補助など、建設資金は次第に積み立てられていった。

神父は、「函館の人は、人とのつながりや助け合いを大切にする。そして礼儀正しいし、お金を優先しない品格がある」と、感謝しながら当時の運動を振り返った。このことを、神父は「人情がある」と表す。「旭ヶ岡の家は、函館市民の熱意と温かい人情が生んだ」と口癖のように語る。その市民の心に訴えかけたのが、グロード神父であったことは間違いない。「外国人が日本の高齢者のためにやっているのに、地元函館の我々が何もしないわけにはいかない」と、当時運動していた人は口々に話す。

9 「愉快でしょ」と、面白い施設に

理想とする施設を建てるためには、まず土地が必要である。それを探すことから始まったが、グロード神父はその土地にこだわった。多くの市民が待っていたことだけに、「新しいホームが建つ」と噂が函館の街中を流れ、それを聞いたある不動産屋が無償で土地探しの仕事をかって出た。神父は、その人の案内で時間がとれれば土地を探しに出かけた。現在の場所に立つまで数ヶ所見たが、「広さ」「費用」の問題も含め気に入る土地はなかなか見つからなかった。神父にとって、「ただ広いだけ」「安いだけ」ではだめだった。「施設を建てるには面白くない」という理由があった。「面白い土地」が欲しかったのだ。面白い土地とは、何だろうか。ヨーロッパの高齢者施設に城の名前が付けられているように、愉快にエレガントに暮らせる家を「面白い」と表現したのかもしれない。

土地を探すために市内を巡っているうちに、北国には早い秋が訪れた。その頃グロード神父は、当時ほとんど人が住んでいない旭岡の地に立っていた。少し暖かな太陽の光が何かを示すように、その土地を照らしていた。神父は「フランスのような景観」と、直感した。その時、「自分が生まれ育った故郷の風景、そこにある『お年寄りが入りたい』と思うような眺めの良い老人ホームの姿が、一瞬であるが目の前に現われたような気がした」という。そして「ここだ」と決めた。

坪千円くらい、広い施設の建設のために良い土地と思えた。函館空港、湯の川温泉街から近く、将来は団地の造成、道路の計画など開発の見通しもあったようだが、当時は誰も訪れることがないような、戦時中に樹木を伐採したままの土がむき出しの荒れた野であった。「こんな土地に…」という声もあったが、グロード神父は、丘の頂から見る景色、正面に見える函館山、函館の街並み、輝く津軽海峡、その向こうに下北半島、そして美しい太陽が、それぞれの持ち味をもって演出する自然の景色のなかで、エレガントな生活を過ごす高齢者の姿を想像していた。やがて建設工事の音が、その丘に響き始めたのである。

もちろん場所や施設ばかり良くても、無味乾燥な日常生活ではグロード神父が描いている理想の施設は実現できない。むしろ毎日の生活の充実など、中身の方が大切である。このことについても、施設の建設が始まる前から、神父を囲みながら勉強会が開かれていた。みんなが手探りのなかで、「こんな生活をしてみたい」「こっちの方がいいわよ」「自分ならば、この方が素敵だわ」と自分のこととして意見を出し合いながら、理想とする生活を語っていた。そのために、他の様々な施設を実際に見学するなど研修を重ね準備を進めていた。研修は国内ばかりかフランスなどの海外まで自費で駆け回り、「誰もが入りたい」という施設を実現するために、神父はじめ関係者に熱が入った。より高い理想を追い求めていたのである。

10 「高齢者と共に生活しよう」と

グロード神父は、施設の完成を楽しみに待っていた。待ち切れず、自分で描いたホームの完成の絵を何時も持ち歩き、会う人ごとに見せ、満面の笑みを浮かべながら熱心に説明していた。信徒のみならず、市民が待望する旭ヶ岡の家は、一九七七年(昭和五二年)四月二三日に落成式が執り行われた。神父が気に入った丘の地に、地上三階、地下一階の鉄筋コンクリートの建物(延べ二千七百八十七平方メートル)が姿を現し、定員七十名(七十七名まで可)の人々がエレガントな生活を過ごすための我が家が完成したのである。

神父は、落成式の記念カードに「すべての老人が兄弟愛に励まされて、希望とほほえみの日々のうちに御身へ近づき得んことを」と、書き記した。人生最後のターミナルまで、高齢者が希望を持てる、エレガントで楽しい生活を送れるようにと願い、そしてそのためのケアを担う決意を、自らの心と共にそこにも記したのではないか。

建物が完成してもすべては始まったばかりだ。建物の周りも荒れた土のままで、樹木もほとんどない。神父は庭を見渡した。「以前、自分が見た外国のホームは、どこも良い庭を持っていた。日が差す暖かな庭を、お年寄りが楽しそうに散歩する姿があった」ことが、目に浮かんだ。「庭がないのならば、庭を造ろう」と、すぐ行動に移した。目指すのは、エレガントな庭である。ボランティアが集まり、汗を流しながら苗木を植え、池を掘る。日に日に美しい庭が広がった。そこには、「いいな。素晴らしい風景だ」と、満足気に眺める神父の姿があった。

庭と同じように、完成したばかりの施設内でも、「面積よりもプライバシーが大切」と、まだ新しく綺麗な大部屋を個室に改装する工事を始めてしまった。そこに生活している人々にとって良いと思うことは、すぐに実行する。これが旭ヶ岡の家方式と言うか、グロード神父の幼い頃からの行動力かもしれない。個室の改装では六百万円が、増築では一億三千万円もの大金が寄付され工事が行われた。寄付が集まるのは、旭ヶ岡の家が素晴らしい施設となって、信頼されていることの証でもある。神父自身も、自分では何も言わないが、「ちょっとお金があったから」と何時も私財を施設に注ぎ込み、入居者にとってより過ごしやすい環境へと発展を続けた。

旭ヶ岡の家の建物やその周囲が次第に充実すると同時に、グロード神父はホーム経営も学び始めた。高齢者の生活を支えるケアの内容についても最高を目指すためにだ。神父は、「当時の日本は、将来の高齢化社会を予測してはいたが、まだまだ老人福祉は救済の面が強い」と見ていた。だから高齢者は、決して良いとは言えない生活環境に置かれていた。「多くの施設では、入居している高齢者本人よりも、介護する側の都合によるなど、施設側優先のケアが行われていた」と、神父は嘆く。

「それではいけない」と、旭ヶ岡の家は開設時から、入居者本人を中心としたケアができるよう準備をしていた。そのために、職員として採用した近所の主婦などに対して、当時は養成機関もなかったので、教会の信徒の医師や看護師を講師に、ケアの技術や高齢者への接し方などを基本から丁寧に指導した。とくに、「心をかけること」「耳を傾けること」を重んじ、神父は職員に会うたびに、「老人を愛する心を大切にして欲しい」「敬う態度を大切にして欲しい」と声をかけた。「高齢者は、いろいろな意味で弱くなっている。だから、最後まで本当にその人の気持ちを考えて、本人らしく生きられるよう、心を配る必要がある」という意味を含んでいる。

このような理想を旭ヶ岡の家で実践するために、神父自ら施設長となり、元町教会から施設の隣に建てられた職員寮に引っ越してしまった。片時も入居している高齢者のことを忘れず、一緒に過ごすためである。だから神父の仕事は、夜が明けたときから夜中まで続いた。夜中でも起こされることはたびたびだ。真夜中に、亡くなりそうになると、急いでそばに行き、「安心して逝《ゆ》きなさい。何も心配はないよ」と、手を握り続けベッドを離れることはなかった。何時も高齢者一人ひとりのためにすべてを捧げていた。

11「質の高い生活」を

グロード神父は施設に移り住んでからも、何時も、新しいことを頭のなかに描くことを忘れなかった。それはちょうど、子どもの頃のいたずらを考えめぐらしているときと同じように。どのようなことに対しても興味を持っていた。そして好奇心がわく面白そうなことがあれば、国内でも海外でもすぐに出かけてしまう。それも職員や信徒など、みんなに見せたくなってしまうのである。

神父自ら「海外老人福祉研究視察旅行」の団長となり、大勢の人を率いて各国の最も良い施設を回ることも数回に及んだ。フランス、イタリア、アメリカ、スペイン、カナダ、スウェーデン、スイス、オーストラリアなど、訪れた国は数多い。また、ユネスコ、カトリックの高齢者のためのラ・ビ・モンタント(国際組織)や国連主催「世界高齢者大会」など、国際大会や国際会議にも参加して新しいことを吸収する。「面白かったね。勉強になりましたよ。世界の進んだ福祉の資料を集めることができたし、個性あふれる素晴らしい方々との出会いもありました」と、目を輝かせながら早い口調で当時のことを話す。

見たこと、聞いたこと、集めたものは、報告書など冊子としてまとめ、記録する。そして新しい知識・技術は、直ぐに旭ヶ岡の家に活用する。だからこそ旭ヶ岡の家は、世界の先進的な施設に遅れをとることなく、常に高いレベルに置かれている。「旭ヶ岡の家を、福祉について理想を高く持ち、よりレベルを高め、誇りをもって入居できる施設にする」という開設時の誓いは、今も忘れられてはいない。しかし決して「自分だけ良ければ」と、考えているのではない。旭ヶ岡の家における生活の質を高めれば、他の施設、それ以上に日本全体の福祉のためになると捉えている。だからこそ、神父はじめ職員は、高い理想を掲げ、懸命に実践しているのである。

旭ヶ岡の家が開設されて三十年以上も経つが、新しい試みは、今日でも続く。二〇〇九年(平成二一年)には、新たに体験入居に取り組み始めた。これは将来の自分や親戚のために、昼間だけではなく夜間におけるホームの雰囲気、生活のプログラムや職員の対応などを実際に確かめるものである。そして充分納得をしたうえで入居する。外国の高齢者の多い国では、標準的に行われている。旭ヶ岡の家では、何時も進化し続けるのである。神父は旭ヶ岡の家を「高齢者のクオリティ・オブ・ライフ研究所」と位置づけている。

入居している高齢者らと楽しむグロード神父

グロード神父に、旭ヶ岡の家における質の高い生活の姿を尋ねると、「老年期は人生最高のバカンス。だから、ケアは文化的な付き合いが必要。スティル・ルデック（遊び心一杯のケア）でなければならない」と答えが返ってきた。心は年齢をとらないのが基本であると言う。

そのとき神父は、自分の子ども時代を思い起こし言葉を続けた。「子どもの頃の夏はバカンスで、三か月くらい遊びで忙しくなりました。大いに外で遊び、日焼けしました。楽しかった、幸せでしたね」と、楽しそうに目が輝いた。そして、「年をとってからは、また人生最高のバカンスです。この時期を楽しく幸せに過ごさないとだめですね」と続けた。旭ヶ岡の家は、子どもの頃に経験した楽しさ一杯のバカンスをもう一度迎える場所で、遊び場が一杯詰まった家なのである。そして神父を含めて旭ヶ岡の家の職員はパートナー、ダム・ドゥ・コンパニー（気持ちの良い同伴者）である。

12　グロード神父の理念、「人権憲章」

旭ヶ岡の家では、入居している高齢者が自分らしい生活を過ごすことができるように施設やケアが整えられているが、このことを忘れず実践するため、すなわち高齢者の生活を守るために、「老年期は人生最高のバカンス——旭ヶ岡の家・高齢者人権憲章——」が定められている(一九九八年(平成一〇年)九月一五日制定)。以下に示す憲章は、旭ヶ岡の家、グロード神父の理念でもある。

「旭ヶ岡の家・高齢者人権憲章」

一、老年期を讃えて。

老年期は人生の斜陽ではなく、黄金の夕焼けです。円満さ、智慧、思慮深さにあふれたお年寄りのたたずまいは、凪《な》いだ大海に照り映える夕映えの美しさを思わせます。旭ヶ岡の家はいつもお年寄りのそばにあって、長寿がいのちの輝きの希求であり、生涯かわることのない人間の尊厳が証しされる道程であることを謳《うた》いつづけます。

二、お年寄りの人権の土台はこころの神秘にあります。

長年の勤労とその存在とで社会に尽くしてきたお年寄りは、年齢を重ねるにしたがって身心の機能が弱まったとしても、人生の先輩として丁重なもてなしを受ける権利があります。悠久の時間を湛えた文化遺産がその風格をもって人を惹《ひ》きつけずにおかないように、その姿に長い人生を刻み込んだお年寄りもまた、私たちに自然に尊敬の念を起こさせます。社会的生産性にかかわりなく、老年期において、こころはいよいよ充実し、美しい稔《みの》りの時を迎えます。だれのこころにもある、あらゆる打算や合理性を超えたそんな神秘に、人権の土台があるのです。

私たちは、

①身心の障害のあるなしにかかわらず、お年寄りを敬《うやま》い、

②こころのこもった丁寧な態度と言葉遣《づか》いを心がけます。

三、お年寄りの個性はかけがえのない宝です。

人はだれでも個性的です。とりわけお年寄りは、豊かな経験、喜怒哀楽で彩られた深い個性をもっています。それぞれの境遇、性別、人種、文化的・地理的・宗教的背景、職業、生きてきた道のり、そ

れらはみんな独特で、それとともにつちかわれた個性もまたかけがえのないものです。この世に唯一無二のそれぞれの個性こそ、命の輝きにほかなりません。

私たちは、

①お年寄りの個性を受けとめ、理解し、かけがえないものとして尊重し、男性としての、あるいは女性としての自己を表現し実現できるようお手伝いし、

②信仰・思想の自由をけっして侵さず、また信仰・思想によって差別することなく、

③それぞれ異なる個性同士が、互いに調和のなかで共存できる環境を整えるよう努めます。

四、お年寄りは大切な社会の一員です。

お年寄りは、社会の一員であり、文化の担い手です。社会・文化

に自由に触れ、創造し、自発的にみずからの生を豊かにする機会を充分にもつことができなければなりません。社会のなかにみずからの存在がしっかり位置していることを感じるお年寄りは、けっしてその内面的自発性、自由を失うことがありません。エレガントで、ユーモアにあふれ、ヒューマニズムいっぱいの環境で生活するお年寄りは、老化やそれにともなう病気、障害にもかかわらず、笑顔を失うことがありません。

私たちは、

①一般社会の情報をできるかぎり届け、一般社会に参加し続ける機会と便宜を豊富に提供し、

②エレガンスをたもつためのお手伝いを怠らず、明るく愉快な人々の輪で包み、

③障害があっても、適切な介助用具と快適な住環境の整備に努めます。

五、お年寄りのケアは家族と社会の連帯で育みます。

本格的な高齢社会になる21世紀はケアの時代、いいかえれば、地域に根をはり、お年寄りのニーズに的確に応える専門的なケアのスタッフの存在が重要な意味をもつ時代です。心身に障害をもつお年寄りにたいして家族の介護力には限界があり、長い年月にわたる介護には、家族のあたたかい絶えざるこころの支えと、専門性の高いケアスタッフの支援が必要です。21世紀の親孝行は、家族と良心的なケアスタッフとの強い連携から生まれるものにほかなりません。

私たちは、

①家族のご意見に耳を傾ける謙虚さをもち、

②お年寄りと家族との絆を大切にし、家族とともにケアを進めていきます。

六、お年寄りこそケアの主人公です。

必要なケアを受けることは当然の人権です。他人の善意で提供される「ほどこし」でもないし、若い頃に社会的義務を果たしたことへの応報なのでもありません。人権の基礎は人間の不思議な精神性、こころの神秘にあるからです。だれもが人間らしく生涯をまっとうできるよう、どんな差別・区別もなく、兄弟あるいは隣人として、また人生の先輩への尊敬をもって尽くすのが人間性の哲学です。ケアを受けることが人権のひとつであるなら、介護する者と介護される者とは、そこに礼節と謙譲の気持ちがともなうことはあっても、立場として対等です。だれもがみずからの人生の主人公であるように、病気や障害の有無にかかわらず、みずからの生活をその細部にいたるまで自己決定するのが当然です。

私たちは、

①「ケアしてあげている」または「ケアしてもらっている」

という高慢さや卑屈さを戒め、
②ケア、治療などに関する情報を共有し、
③ケアや治療、生活環境を選ぶ最終的な決定権は利用者本人にあることを認め、とりわけ人生の終末をどこでどのように迎えるかについての自己決定を支え、尊重しあい、
④ケアや治療、生活環境に関する要望や苦情を率直に申し立てられる体制を整え、
⑤厳格な取り決めや契約を整備してお年寄りの所有物などの管理を適切におこない、
⑥ひとり一人の日常生活や個人情報などプライバシーを不当に侵すことのないよう努めます。

七、お年寄りの笑顔は文化のバロメーターです。

老年期は人生の他の時期、つまり少年期や成年期と異なる特別な

時期でしょうか。老年期は他の時期と同じ人生の一部であり、人権の観点からは一般の成人が有する普通の権利をお年寄りもまた有しています。しかし、老年期が人生の総まとめをする大切な時期であり、とりわけ老化現象と心身の障害のため他人に依存しなければ生活することのできないお年寄りに社会が特別な配慮を払う必要があるという意味では老年期は特別な時期です。だれもがいつかは直面する老化は自然現象であり、それにともなう病気や障害は、けっしてその人間性・人格をそこなうものではありません。むしろ年齢が増すにつれて、よりいっそう深みをおび、価値あるものとなってきます。老化やそれにともなう病気、障害を理由にした差別や排除など、人権じゅうりんは、まったくいわれのないもので、社会の未熟さを示す恥ずべきものです。社会の高齢化とお年寄りへの手厚いおもてなしは、社会・文化の発展のバロメーターです。お年寄りの笑顔の多さが、文化の高さを示しています。

私たちは、

①社会にあるお年寄りへの差別や排除など、人権じゅうりんに警鐘を鳴らし、

②老化現象やそれにともなう病気、障害への科学的認識を深め、よりよき生を支えられるよう研鑽し、

③日々の笑顔を求める努力をたゆまず重ねます。

ケアは文化的なおつきあいです。ともに踊り、ともに歌い、ともに泣き、ともに笑い、ともに愛し、ともに生きること。

老年期は人生の斜陽ではなく、黄金の夕焼けです。

グロード神父が語る「ケアとは」
（グロード神父のコラムより）

ケア（Care）は、古代ラテン語、CARUS というとてもムードのある言葉に由来する。古代恋人たちは、好きな相手に対して I LOVE YOU と言う意味で、メイ・カリシミ（MAI CARISSIMI）とささやきあっていたそうだ。だから、ケアとは、愛する人をいとおしむというムードいっぱいの言葉である。

13 グロード神父と共に旭ヶ岡の家を支える人々

グロード神父の働きがなければ、旭ヶ岡の家が開設されることはなかったが、神父のみの力で旭ヶ岡の家が成り立っているわけではない。このことは、神父自身が一番よく理解している。「高齢者も、施設も、誰もが、何時までも人の輪のなかにいることが大切なんだ」と神父は語るが、多くの人の協力なくして旭ヶ岡の家は存在しない。

グロード神父と旭ヶ岡の家を支える人々の輪について紹介する。

旭ヶ岡の家の応援団――建設期成会、そして後援会

建設に必要な資金を集めるため、函館を中心とした企業が集まり、一九七五年（昭和五〇年）に組織されたのが、「旭ヶ岡の家建設期成会」である。これはグロード神父が函館の経済界に、「高齢者のために応援して貰えないか」と働きかけて生まれた。建設資金を集めるために大活躍したが、旭ヶ岡の家の開設とともに期成会はその役割を終えた。

しかし開設後も支援の声が多数あがり、新たに「旭ヶ岡の家後援会」として再出発した。後援会は、諸事業に必要な支援と援助を行

うことを目的として、「施設見学デー」「講演会の開催」などの活動も行いながら、財政面を中心として支えている。会員は入居者の家族、地元の経済人や文化人をはじめ北海道内が中心であるが、その数は沖縄県まで全国千八百以上にのぼり、「高齢者を支えたい」という温かい気持ちを持ち活動を行っている。

神父は「後援会は、旭ヶ岡の家の大事な応援団」と感謝を込めて呼ぶ。これらの多くの支援があってこそ、旭ヶ岡の家とグロード神父の仕事は成り立っているのだ。

家族同士のきずなを大切にする――家族会

入居している高齢者の関係者も「家族会」を組織し、旭ヶ岡の家を支えている。家族会は、入居者の家族が「お見舞いに行くだけではなく、家族として何か役に立ちたい」「家族で面会に来ない人が居るので、家族に来てもらうきっかけになれば」などと願いながら、旭ヶ岡の家が開設された二年後に設立された。

グロード神父は、旭ヶ岡の家を開設したときから、「介護は、社会とホームと家の三者が連携して進めることが大切」と考えていた。神父の想いと家族の想いが一致したのが家族会である。設立時から毎月会報を発行し、旭ヶ岡の家と入居者の家族との橋渡しをするとともに、シーツ交換や行事の手伝いなど、さまざまな面で旭ヶ岡の家と共に高齢者の生活を支えている。また一九八八年（昭和六三年）からは、神父と一緒に研修旅行を始め、会員同士の親睦のみならず各地の高齢者施設などの見学を通して、旭ヶ岡の家の生活づくりに貢献している。

これらの活動に参加することにより、「仲間ができた」「いろいろな悩みなどを話せるようになった」、そして「家族同士の絆《きずな》も結ばれるようになった」との声を聞いた。このような心の絆で結ばれているので、入居者が亡くなるなど旭ヶ岡の家を利用しなくなった後にも、家族会の会員として残る人も多い。それだけ旭ヶ岡の家や神父の活動が、入居者ばかりかその家族の心までも豊かにしているのだ。

「なくてはならない」と、大きな役割を担う
――ボランティアの人々

グロード神父や旭ヶ岡の家に集い、自らの力を貸すことを惜しまないボランティアの人たちの存在を忘れてはならない。神父は「ボランティアというと、職員の下働きのような感じがするが、ここでは遊びながら来てくれる。自分の才能を生かしながら楽しんでいる」と信頼を込めて紹介する。

ボランティアの人たちは、「ボランティア活動は、楽しい。自分は、たいしたことはしていない」と話すが、神父は「ケアの半分、それ以上の役割をしている」と、高齢者のパートナーとして欠かすこと

ができないと高く評価する。ボランティアが担っている大きな役割は、エレガントな生活の演出である。サークル活動や公園造りなどの文化的な面を、大きな力で支えている。エンターテイナーとしてのボランティアは、教会の信徒、近所の住民、高校や中学校の生徒などで、なんと年間五千人以上の人々が旭ヶ岡の家を訪れる。

神父は、多くのボランティアの人が訪れることを「地域社会の空気を施設に運んでくる」と喜ぶ。旭ヶ岡の家が地域社会のなかにあることを、施設の高齢者や職員が実感できるからだ。地域社会と離れず、関わりを持って歩んでいる。このことは、施設の改善などにも有効であると言う。施設外の人に施設を見てもらうことにより、職員が気づかないことを教えてもらうことができるからだ。良くないことを隠すのではなく、多くの人に現実を見てもらい積極的に改善したいと、前向きに考えている様子がわかる。すべてのことが、高齢者の生活のため、高齢者を守るために繋《つな》げられている。

旭ヶ岡の家は、遊び心を持ったボランティアに恵まれていたこと、外部のボランティアを受け入れる雰囲気が開設以来あったことから、多数の人が訪れる開かれた施設になったのだ。しかし、さまざまな人が自然に神父のもとに集まって、楽しく活動している姿を見ると、それだけの理由ではないような気がする。不思議な魅力がグロード神父には備わっているのではないか。

グロード神父が語る「ボランティアとは」
（グロード神父のコラムより）

ボランティアの理念は、自分の決まった仕事以外の人生を持ちたいという、人間の自発性に依拠した活動ということ。決して一方的な「ほどこし」なのではない。

お互いに協力しながらもう一つの誇りを持てる自分の人生

を探し出す、そして自発性と創造性いっぱいのより明るい人間関係を深めていく。それがボランティア活動ではないか。ボランティアは趣味の世界であり、冒険の世界であり、自己実現の世界であり、自発性が生み出す文化と道徳の世界である。

第五章　「信仰」と市民の「人情」が国境を越え結実

1　ますます忙しくなったけれど

「旭ヶ岡の家が開設されてから、教会で仕事をしていた時よりも忙しくなった」と、神父は苦笑する。しかし、どんなに忙しくても、高齢者や職員の話に必ず耳を傾ける。向こうが話してこなければ、自分から声をかける。神父は施設に住むことになってから、毎日、入居者の各部屋を回ることを日課としていた。「毎日話をするのはあたりまえ」と。神父を見ると、入居者はもちろん職員までみんな顔が明るくなる。元気になるのだ。「まるで恋人に会ったようだ」

と表現した人がいた。「だから、神父様が、講演を頼まれ出かけてしまうと、施設全体が非常に寂しくなる。帰ってくるときには、必ずおみやげを持って来る。まるで、お父さんのようだ」とも。グロード神父は、みんなに活力を与える我が家のお父さんとしての存在なのかもしれない。

旭ヶ岡の家は、高齢者の自宅なのだ。暮らしている高齢者は、それぞれ長い年月を歩んできた道程がある。当然そこには一人ひとり考え方、生き方にも違いがある。旭ヶ岡の家では、その最終過程をそれまでの生活と同じように、自分の希望に沿って、自分の部屋で過ごすことができるのだ。音楽を聴いたり、本を読んだり、自分の好きなように自由に楽しい日々を築く。これが、グロード神父が示す「エレガントな生活」ではないだろうか。その生活を実現するために必要なことを支えるのが、神父や職員、ボランティア、後援会、家族会などの人達である。彼ら彼女らは、高齢者一人ひとりの気持ちを胸で聞きながら行動する。だからこそ、本人の尊厳を奪うことは絶対しないのである。

グロード神父は、「自分に課せられた仕事は、人を愛すること。相手を喜ばせること。老人の笑顔を咲かせるために頑張ること」と、きっぱり言う。これは、キリスト教の「人を愛すること」の実践である。神父は、理想を高く掲げ何時もまっすぐに進む。愉快に楽しみながらである。これはフィリップ少年の頃から、少しも変わることはない。

2　アイディアを活かして新たな文化を創る

城を活用してみたい——野外劇を生み出す

グロード神父は、愉快なことが大好きだが、それは、教会や旭ヶ岡の家に留まらない。地域社会においても、愉快な文化的活動を始

函館野外劇（著者が観覧したとき）

めてしまったのである。何時でも、何処でも、誰に対しても、愉快に楽しませようとする。

私が旭ヶ岡の家を訪ねたとき、丘の敷地内に、手こぎの木造の小舟が何艘も置かれていた。「なぜ丘に舟が」と、不思議に思い尋ねた。返ってきた答えは、なんとこれらの舟は、函館市内にある城の濠に浮べるのだと言う。

毎年、七月と八月に、特別史跡五稜郭を舞台として、市民創作「函館野外劇」が開催される。スタッフ、キャスト など総勢一万人以上のボランティアが支えている劇である。神父がよく口にする「市民の力」により、函館野外劇は公演されている。神父も十四年間出演し、舞台を楽しんだ。

この多数の観客が訪れる「函館野外劇」（主催：特定非営利活動法人市民創作「函館野外劇」の会　後援：在日フランス大使館文化部、北海道他）も、グロード神父の愉快なアイディアから始まった。二〇〇九年（平成二一年）には二十二回目を迎え、市民ら約三百五十人が出演し「星の城、明日に輝け」が公演された。アイヌ民族とのかかわり、ペリー来航、箱館戦争など函館の歴史ドラマである。

かなり前になるが、私も濠の外側に特設された客席で千人ほどの観客とともに舞台に見入った。闇の中の空間に突然、曲が響き、美しい照明が光り、濠と城内の奥行き百メートル幅八十メートルもの広い舞台に、人が、馬が走り回るなど、その迫力、素晴らしさに驚いた。

初演以来の入場者数が二十万人を突破したが、この国内最大規模の野外劇が誕生したきっかけは、神父が「五稜郭というすばらしいロケーションを活かして、函館のユニークで豊富な歴史的事実を野外劇として活用すべき。ぜひ函館でやってみたい」と、豊かな感性を持つ函館市民に声をかけたのが始まりであった。この話を聞いた人は、みんな驚いた。「お城の濠を使うなんて」と。

ことの初めは、一九八五年にさかのぼる。函館日仏協会に、青函トンネルの開業で函館が通過点になり観光客が減るのではと懸念した五稜郭周辺の財界から地域活性化について相談があった。当時協会の副会長を務めていたグロード神父は、直ぐに自分が抱いていた夢を語った。「五稜郭は、野外劇を公演するためにあるようなものだ」と。神父の故郷フランス共和国ヴァンデー県では、古い城とその前庭を活用して野外劇が開かれていた。欧州各国からも観客が訪れる有名な「ルピデュフ野外劇」である。フランス革命などをテーマにして、一九七八年から地元のボランティアの人たちにより公演が続けられている。「これを函館の五稜郭でもやってみたい」と、以前から神父の胸のなかに、舞台が描かれていたのである。

自分の想いを熱く語れば、旭ヶ岡の家の建設のように実現に向けてすぐに走り出すのが、グロード神父だ。「できるところからやりましょう」と、有志の人たちにより進められることになったが、神父の熱意は大きかった。翌年七月に関心ある市民を、函館日仏協会「ヨーロッパ周遊と交流の旅」として、フランスのルピデュフ野外劇まで実際に連れて行ってしまった。それも鑑賞だけではなく、舞台裏の視察までも。「百聞は一見にしかず」であろうか。そして年が明けた一九八七年に、自ら実行委員長となり、約五十人の市民で「市民創作函館野外劇の会」を設立した。実際に開演するまでには、さまざまな困難もあったが、持ち前の行動力で乗り越えた。

国の遺跡を使用するための許可がなかなか下りず、グロード神父自ら東京の文化庁などに何度も通い、最後には文化庁長官に直接面会し許可をもらって来たという話は有名である。

神父や市民有志の熱意が実り、一九八八年(昭和六三年)に函館野外劇が誕生し、今年も地域文化の発展に大きく貢献している。函館野外劇は、「地域づくり表彰(国土庁長官賞)」「サントリー地域文化賞」「北海道地域づくり優良事例知事賞」「読売新聞社一九九七北のくらし大賞」「国土交通省手づくり郷土《ふるさと》賞」を受賞するなど、高い評価を得ている。ここでもアイディアマンとして活躍した神父だが、この函館野外劇の歴史物語を語ったグロード神父は、いたずらっ子のように「あぁ、愉快だったねぇ」と声も目も笑いながら、早口だった声を静めた。

ユーモラスに描く――「画家」としてのグロード神父

グロード神父が入院中に病室で描いた生家の風景

グロード神父は、演劇、合唱、文学などに精通しているが、絵を描くことは幼少の頃から得意としていた。十代の頃から本格的に絵を描き始め、少しでも時間に余裕があると制作に取り組んでいた。

旭ヶ岡の家の忙しい毎日のなかでも同じだ。スケッチ、水彩、油彩を用いて、旭ヶ岡の家で楽しく生活する様子や函館野外劇、旅行先の風景などを繊細かつ、ユーモラスに描く。それは、趣味の域には留まらず本格的なのだ。

描きあげた作品は、旭ヶ岡の家の至る所にさりげなく飾られ、高齢者や訪れた人々の目、そして心を楽しませる。また、函館市内のNHKギャラリー、函館市芸術ホールで個展が開かれるなど、多くの函館市民にも絵画は愛されている。まさに神父は函館の芸術家である。

友人の北海道の画家を案内して訪れた
スペインのハビエル城

神父の持つこの芸術家のセンスが、旭ヶ岡の家や函館市民など多くの人々の心を癒すことに活かされている。

日本とフランスの橋渡し役——函館日仏協会を担う

二〇〇八年(平成二〇年)五月二二日、旭ヶ岡の家においてフランス海軍デュプイ・ド・ローム号の歓迎昼食会が開かれた。丘の上にある高齢者施設を多数のフランス共和国の高官が訪ねて来たのである。同年に開催された北海道洞爺湖サミットの際にも、フィリップ・フォール大使夫妻が、グロード神父を見舞いに旭ヶ岡の家を訪問した。フランス大使が交代すると、大使が旭ヶ岡の家を訪ねるなど、着任、離任の挨拶を欠かさない。函館、神父とフランス共和国との間には深い関わりがある。

函館は、教会、修道院などが示すように、フランスとの縁は古い。パリ外国宣教会の活動ばかりではなく、フランスの修道会による教育や社会福祉の活動は明治初期から始められていた。やがて学校や病院などに発展する施療院、孤児院(乳児院)などである。長年の間フランスは、函館市民の生活に密着している。そのフランスとの国際交流をさらに進める団体「函館日仏協会」は、一九八三年（昭和五八年）五月に第一回総会を開いた。以来「日仏両国民の相互理解を深め、文化および科学の交流をはかり、特に函館圏において、フランス文化の理解とフランス語とフランスの科学の普及」を目的とし、活動している。

この函館とフランス共和国の繋がりは百五十年以上前の江戸時代に始まる。江戸時代の函館（当時は「箱館」）は、約一万五千人の人口で、まだ鎖国していた時代であった。このような時に大きな出来事があった。アメリカのペリー艦隊が訪れた翌年の一八五五年（安政二年）に、函館の近くを航行していたフランスのインドシナ艦隊の軍艦「シビル号」の乗組員百名余りが、長い航海で野菜不足などにより壊血病を患った。乗組員の発病と飲料水・野菜の不足に困った艦隊は、函館に上陸したいと箱館（函館）奉行所に申し出た。しかし、当時はフランスと和親条約が結ばれていなかったので一度は拒否されたが、イギリス軍艦の艦長の仲介と、病人の治療など人道上の問題から、奉行所は幕府の許可を得ずに上陸を認めた。函館山の麓にある実行寺で病人の療養を行い、奉行所からは野菜、魚、鶏卵などの食料が援助された。このことが縁となり、函館とフランス共和国との交流の歴史が始まった。

実行寺の庭にはこれを記念して、握手しているモニュメント「日仏親善函館発祥記念碑」がある。これはグロード神父が自費で建てたものだ。函館には港町という開かれた雰囲気があり、函館の人々は外国人を拒むこともなく優しく接していた。神父は、この人と人の繋がりを何時も大切にしている。

グロード神父は、両国の間の橋渡しをした。函館日仏協会の発起人にも名を並べ、設立時からアイディアを提供したり、交渉役を買って出たりと、長年にわたり中心的な役割を果たしてきた。このことからフランス共和国勲章を受章するなど、社会に貢献した人として祖国においてもよく知られている。神父は「ベースになったのは市民の人情だった。外国人を受け入れる雰囲気があったので成し得た」と感謝する。函館市民の人情が、グロード神父など異国から来た人を何時の時代にも優しく迎え、支えているのである。

握手している日仏親善函館発祥記念碑

3 「生きている」ことは、素晴らしいこと

旭ヶ岡の家は、社会福祉法人函館カリタスの園が運営している。その理念は「…福祉サービスを必要とする者が、心身ともに健やかに育成され、又は社会、経済、文化その他のあらゆる分野の活動に参加する機会を与えられるとともに、その環境、年齢及び心身の状況に応じ、地域において必要な福祉サービスを総合的に提供されるようにカトリックの博愛精神に基づき、援助する…」と記されている。これは、グロード神父自身の信念でもある。信念というよりも、生き方そのものであろう。子どものときから、父母、兄弟姉妹、教師、そして豊かな自然から学び培ってきた生き方である。神が彼ら彼女らを通して、フィリップ少年の心に幼い頃から働きかけてきたのではないか。

旭ヶ岡の家は、グロード神父の精力的な活動により、職員、家族

会・後援会、ボランティア、そして函館を中心とする市民等の力が結集し、国内で先駆的な施設の一つとなっている。開設四十年近く経った今日においても、各地から訪れる人は絶えない。訪問者はそこで、神父の理念をすべての職員が共有し、一生懸命に汗を流している姿を見る。

神父は、高齢期について次のように記している。「七十代、八十代、九十代になった人たちは、みんなそれなりの悩みがあります。しかし誰しも死ぬ瞬間の手前まで、ニコニコできる状態にもって行かなければなりません。旭ヶ岡の家では、大きな後援会、大勢のボランティア、親戚のような家族会があり、函館の恵まれた落ち着いた地方の町の雰囲気を生かして、太陽一杯の老年期を輝かせることができます。そのために旭ヶ岡の家の職員達は、誇りを持って頑張っています。人生は最初から最後まで良いものです。キリスト教のある聖人が『生きている。何と素晴らしいこと』と、口癖のように繰り返していたそうです。旭ヶ岡の家においても、そういう気持ちを静かに訴える方々も結構いらっしゃいます。体が不自由になっても、何とも言えない微笑みを見せる美しいご高齢者が多いです。最後の最後までエレガントに、男性も女性も本当に美しいです。人生の最後に、霊的魂が見えてくるような瞬間もあります。利害関係、自慢、権力の争いが消えて来たころ、本当の人間の意味が見えてきます」と。

人間の一番大切なものは「精神・心」で、グロード神父や旭ヶ岡の家の人々は、それを人生の最後まで尊ぶのだ。

神父は、日本の福祉の現実について、「ホームについては、まだまだ古い考えが邪魔をしている。家族が面倒を見るべきとか、家で頑張っていた方が望ましいとか」と指摘する。「少しずつは良くなっているが、日本の福祉はかわいそうな人のためのものと考えがちである」と続けた。しかし神父は、「『福祉』は貧しい人をなんとかするものではなく、一般社会のレベルアップにある」と捉えている。

　また「日本の病院には、老人科が少ない。ヨーロッパでは六十年前から多くの病院に老人科がある。高齢者は成人とは違う」「検査入院、薬が多く、入院期間が長い。また寝られないからといって睡眠剤ではない。旭ヶ岡の家では、睡眠剤は必要としない。なぜならば、自然に眠れるような生活をする。そのために、昼間たくさん活動する」などと、日本の高齢者医療の問題を提起する。そして「楽しみながら一日一日を普通に生活することが、体や心に最も良いことだ」と、神父は当然のように話す。

　元気でエレガントに、最後のバカンスをそれまでの生活と同じよう普通に楽しく自由に過ごす。「おしゃれをして文化的な趣味を持っている老人は、薬もいらず長生きする」「文化のバロメーターは、本当の笑顔だ」と力説する。

「人生って良いものだ」と思える日々の暮らしを演出するのが、フィリップ・グロード神父の仕事である。

4 「福祉は文化的に」と、今日も愉快に生きる

函館郊外の丘に朝日が注ぎ始めると、旭ヶ岡の家では愉快な新たな一日が始まる。グロード神父は、何時ものように三階の聖堂でミサをあげ、神に感謝を捧げる。パートナーである職員は、明るく挨拶を交わしながら、一人ひとりの居室のドアをノックする。すべてが神と共に、それぞれの人にとって希望ある一日を築くためである。輝く太陽は旭ヶ岡の家をはじめ、八雲教会や元町教会などにやさしい光を届ける。グロード神父が神の愛を届けた人々を暖かく包みながら、笑顔のある一日を過ごせるようにと。

神父が慕う神の愛が、緑で覆《おお》われ花が咲き乱れる春の生活を、函館野外劇が賑やかに開かれる夏の生活を、紅葉で山の色が変わる秋の生活を、静かな純白の冬の生活を生み出す。その生活は、本人を中心とする楽しい豊かな日々である。「何時までも愉快に、文化的に」

と。

私がグロード神父にお話を伺っていたとき、「五稜郭は、世界遺産になれる」と、写真を指差しながら、楽しそうに語った。「このことをさっそくフランスに働きかけた。良い感触だった。愉快でしょう。函館にも世界遺産があるなんて。ハッハッハッハッハ」と、いたずらっ子が何かを発見したように愉快に笑う。「なぜ五稜郭が世界遺産に」と尋ねると、「フランスのヴォーバン式要塞群が二〇〇八年七月にユネスコ世界遺産に登録され、五稜郭もそのヴォーバン式である可能性が高いから、追加登録を目指すことができる」と丁寧に説明してくれた。

愉快なことを思いつけば、すぐに行動に移すグロード神父。すでに実現に向けて市民運動を広げ、日仏両国の関係機関、函館市、北海道にも働きかけていると聞いた。「みんなと愉快に楽しむ」は、神父にとって最高のこと。なぜならば、生きることに繋がるからだ。

桜でも有名な五稜郭

そのために、神父は自ら一生懸命に努力する。

福祉に対しても同じだ。「遊び心いっぱいで。楽しみながら、高齢者を支える。高齢者が安心して『バカンス』を過ごせる社会であるべき」を理想とする。だからこそ、「福祉は、文化的でなければばならない」と神父は結論づけるのである。

「福祉文化には、それを支える哲学が要求される」と、神父は話しを続ける。「人間の精神性の神秘、それへの『もてなし』

がベースにある。そのうえで、一人ひとりの真のニーズを把握し、それに応えるサービスを考える。クオリティ・オブ・ライフ（生活の質）、つまり本人の満足、納得、笑顔、エレガンスを目標にする。だからこそ、生活のスタイルをどうするのかにもっと力を入れるべき。着るものに対しても、おしゃれにすべきである。さまざまなことを我慢しなければならない生活であってはならない」と説く。旭ヶ岡の家で感じる活き活きとした空気は、ここから生まれている。だから、高齢者自身も「生きる」ということに対して前向きになれる。「新たな福祉文化は、その努力から生まれてくるものだ」と、グロード神父は結んだ。

神父は、「聖書に、『白髪の人の前では起立し、年寄りを尊敬し、神を畏れ敬え』とある（レビ記一九・三二）。私たち一人ひとりの心のなかにも神様がおられる結果、宗教への感受性、倫理感、限りなく美を追究する芸術感覚は、どれも神様の現れである良心に由来するものです。神様も楽しい方でいらっしゃるから、宇宙も人類も見事です」と聖書の一ページを開いた。神父の持つすべての思考や行動は、幼い頃から両親、友人、学校などで培われてきたキリスト教の信仰に由来する。この『信仰』と市民の『人情』が、宗教を越え、国境を越え、神父の愛の証として、函館の見晴らしの良い丘の地に旭ヶ岡の家として姿を現したのだ。

神父は、休暇としてフランスに帰ったことがない。アニエスの塔にユーモラスに描かれているように、フランスから大好きな落下傘で「愉快だねぇ」と函館に飛んできたままだ。「日曜日の午後は、休みだけれど…」と言うが、休むことなく愉快に働く。これが、「愉快ないたずら」ばかりしていたフィリップ少年の今日の姿だ。

函館開港とカトリック元町教会創立百五十年を経た今日も、旭ヶ岡の家の高台「聖心メモリアル公園」におられる天に向かってそびえるキリスト像が、高齢者、フィリップ・グロード神父、旭ヶ岡の

アニエスの塔に掲げられている「フランスナント市から飛んできた神父」

家に集うすべての人々を『愛』で暖かく包みながら、日々の生活が「エレガントで愉快な日となるように」と優しく見守っている。

エピローグ
——人生はいいものですよ

グロード神父は、ユーモアを交えながら話をしてくださった。話題が豊富で、違う方向に話が進むことも多々あったが、一つひとつの言葉の中に優しい人柄が伝わってきた。そして神への、神が創造した人間への愛が満ちあふれていた。その愛が神父の活動の原動力である。神父が祖国フランスを出発する時、パリ外国宣教会から贈られた「その国の人になって」「神の愛を伝えなさい」を、福祉という場で実行した、いや今日も続けている宣教師である。

函館は、「修学旅行に行けない子どもがいると、近所のお金がある人が負担した」など、昔から人情が厚い街である。その人々が、「日本人よりも、日本人らしい。とっても人情深い。細かいところまで気配りができる方で、厳しい面もあるけれど、ユーモアがあって、お茶目な愛の深い方」と、神父を評する。

旭ヶ岡の家に伺ってからしばらくたって、グロード神父から丁寧なお手紙を頂いた。そこには次のように記されていた。「ホームができた時に、熱心なクリスチャンで内科の原一正先生に、大変お世話になりました。やはり、内科の先生が付いていなければ、私は、責任を背負うことができなかったと思います。当時、原先生はまだ若くて張り切っていましたよ。それで最初からお年寄りのターミナル、緩和ケアまで頑張ることができた」と。

また、元町教会でチェチリア合唱団や五稜郭で野外劇を始める時にも、多くの人がいたから成し得たと言う。「合唱団ができた時には、函館で有名な音楽の酒井武雄先生が中心でした。野外劇は、美術関係や芝居関係などのさまざまな友人の手伝いがありできたわけです。

その一人の宮本武さんは、熱心な方で、なんでもできる技術屋さん。免許・資格をたくさん持っていて、野外劇の下準備のために、そして毎回参加して大変お世話になりました。このように、私は飾り物みたいでしたよ。面白いことをすると、すぐに優秀な協力者が現われましたよ。まだまだ作りたいことがたくさんあるが、そろそろおとなしくしなければならないね」と、自分の力のみではなく、多くの人々と一緒に作りあげてきたことが、感謝の言葉を添えながら手紙に記されていた。グロード神父は、『愉快』を創り出す楽団の指揮者かもしれない。

そして手紙の最後は、次のように結ばれていた。「人生はいいものですよ。天国に移ってからはなお一層心配ない。死ぬことは天国に移ることですもの。万歳」と。

私は、二十年ほど前から旭ヶ岡の家を訪れ、グロード神父にお会いした。執筆のために、幾度も話を伺ったが、何時も優しく丁寧に

漁火も輝く美しい函館の夜景（向こうが函館山）

対応して頂いた。この一度書いたつたない原稿も、目を通して頂いた。これがみなさんの手に渡ったのは、神父のおかげである。まずフィリップ・グロード神父にお礼を述べたい。また神父に代わって対応して頂いたり、多数ご教示を頂いた社会福祉法人カリタスの園、総合福祉施設旭ヶ岡の家はじめ神父を愛する数多くの方々、そして大空社西田専務及び編集部の方々のお力により執筆することができた。ここに心より感謝申しあげる。

グロード神父（中央）と著者（左）

カトリック札幌司教区『躍進—札幌司教区昇格50周年記念誌』光明社 2002年
新カトリック大事典編集委員会編『新カトリック大事典Ⅳ』研究社 2009年
グロード・フィリップ『おとしよりに太陽を—ＳＯＳ！日本の老人福祉』労働旬報社 1996年
フィリップ・グロード『好奇心だよ、好奇心—グロード神父の生き方論』女子パウロ会 2000年
フィリップ・グロード『日本のお年より』コイノニア社 2002年
フィリップ・グロード編著『老年期はバカンス』（総合施設〔旭ヶ岡の家〕創設三十周年記念誌）社会福祉法人函館カリタスの園 2006年
函館日仏協会設立十周年記念事業実行委員会編『蝦夷に咲いた百合』（函館日仏交流史資料集1）函館日仏協会 1993年
法人25年史編集委員会編『夢の咲く丘—グロード神父と「旭ヶ岡の家」の25年』（旭ヶ岡の家 創設25周年記念誌）社会福祉法人函館カリタスの園 2002年
ジャン・ピエール・アインシアルト、高島源一郎編『函館とカトリック』（函館カトリック教会百年祭記念出版）函館元町カトリック教会 1959年
川井龍介「挑む　フィリップ・グロード神父（特別養護老人ホーム『旭ヶ岡の家』施設長）お年寄りに尊厳を、「生きがい」より「気晴らし」がいる」『日経ビジネス』862号 1996年10月
川井龍介『老いはバカンス　ホームは休暇村—グロードさんと旭ヶ岡の家』旬報社 2002年
仁多見巌『北海道とカトリック（戦後編）』光明社 1987年
高松登「ケアの在り方—認知症、ターミナルケア」
八雲カトリック教会『愛』（創立20周年記念誌）八雲カトリック教会 1976年
旭ヶ岡の家『それいゆ』各号
『グロード・フィリップ神父講演　ホスピス運動とは』社会福祉法人函館カリタスの園調査研究室　1997年
『グロード・フィリップ神父のホームページ・摘録版』社会福祉法人函館カリタスの園調査研究室　2000年
『総合施設『旭ヶ岡の家』全体案内』リーフレット　旭ヶ岡の家
「カトリック元町教会」リーフレット

旭ヶ岡の家（http://www.asahigaoka.jp/）
フィリップ・グロード神父のコラム（http://www.asahigaoka.jp/sinpu.html）
函館日仏協会（http://afj-hakodate.jp/about/index.html）
パリミッション会（http://www.mepasie.org/）
市民創作「函館野外劇」の会（http://www.yagaigeki.com/）

1993	66歳	特定有料老人ホーム旭ヶ岡の家レジダントを開設
1996	69歳	在宅複合施設＝在宅ケアセンターベレルを開設し、旭ヶ岡の家総合施設長に就任。地域における文化活動および福祉活動の貢献が認められ、北海道新聞文化賞社会文化賞を受賞。エッセイ集『おとしよりに太陽を！　ＳＯＳ日本の老人福祉』（旬報社）を刊行
1997	70歳	インターネット上に「フィリップ・グロード神父のホームページ」を開設。アルフォンス・デーケン氏、フランソワーズ・モレシャン氏との対談集『三人寄ればニッポンが見える』（旬報社）を刊行
1998	71歳	日仏交流と友好親善の功績でフランス共和国功労勲章オフィシエ章を受章。函館市文化賞を受賞
2000	73歳	エッセイ集『好奇心だよ、好奇心―グロード神父の生き方論』（女子パウロ会）を刊行
2001	74歳	フランスのホスピス女医エリザベト・マチウ・リーデル氏の原著『泣かないで、わたし死ぬのは寂しくないから』（女子パウロ会）を翻訳、刊行
2003	76歳	12月1日に社会福祉法人函館カリタスの園理事長に就任
2005	78歳	フランス共和国レジョン・ド・ヌール勲章オフィシエ章を受章
2006	79歳	『老年期は、バカンス！』（総合施設旭ヶ岡の家の創設三十周年記念）を刊行
2008	81歳	叙勲（瑞宝双光章）
2009	82歳	函館開港150周年、カトリック函館宣教150周年
現在		パリ外国宣教会宣教師司祭 社会福祉法人函館カリタスの園理事長 函館日仏協会名誉会長 特定非営利法人市民創作「函館野外劇の会」理事長

引用・参考文献

アルフォンス・デーケン、フランソワーズ・モレシャン、フィリップ・グロード『三人寄ればニッポンが見える―エレガンス・老いと死・ユーモア』旬報社 1997年

年譜

年	年齢	記事
1927		6月7日にフランス共和国に生まれる
1953	26歳	パリ外国宣教会大神学校を卒業
1954	27歳	6月に宣教師として来日
1956	29歳	北海道八雲町のカトリック八雲教会主任司祭に就任
1961	34歳	函館市のカトリック元町教会主任司祭に就任。宣教とともに文化活動や社会福祉事業に情熱を傾け、カトリック少年の家、保育園、知的障害児通園施設などを開設・運営
1964	37歳	社会福祉法人函館カトリック社会福祉協会理事長に就任
1977	50歳	お年寄りのための施設を建ててほしいと函館市からの要請もあり、募金活動をしながら「特別養護老人ホーム旭ヶ岡の家」を開設し、施設長に就任。
1978	51歳	福祉と文化活動を通して日本とフランスとの親善交流に尽くした功績が認められ、フランス共和国国家功労勲章シュバリエ章を受章
1980	53歳	旭ヶ岡の家の運営主体が、社会福祉法人函館カリタスの園となる
1982	55歳	国際高齢者年にあたり、老人問題のエキスパートとして、ローマ、バンコク、マニラ、ウィーンなどで国連のユネスコ主催の国際会議に出席し、高齢者人権憲章作りに尽力
1983	56歳	函館日仏協会の設立に発起人として参画・理事に就任
1984	57歳	初のエッセイ集『日本のお年寄り—老人ホームの四季』（ＹＭＣＡ出版）を刊行
1986	59歳	エッセイ集『横町のご隠居たち—旭ヶ岡の家から』（ＹＭＣＡ出版）を刊行。日頃の文化活動に対し函館市文化団体協議会より白鳳賞を受賞
1988	61歳	函館の五稜郭を舞台に野外劇を行う会を組織し、実行委員長に就任。以後、毎年夏期に函館野外劇を公演
1990	63歳	在宅老人のためのデイケアサービスセンターを開設し、所長に就任。日本とフランスとの友好親善への功績でフランス共和国レジョン・ド・ヌール勲章シュバリエ章を受章

●著者紹介

白石 淳（しらいし・じゅん）

神奈川県横浜市生まれ。鳴門教育大学大学院学校教育研究科（修士課程）、北海道大学大学院教育学研究科（博士課程）修了。博士（教育学）。北海道医療大学看護福祉学部臨床福祉学科教授。著書（いずれも共著）『教育概論』（法律文化社）、『教職必携ハンドブックⅠ：教職編』（教育開発研究所）、『新世紀の教職論』（コレール社）ほか。

シリーズ 福祉に生きる 59

グロード神《しん》父《ぷ》

定価（本体二、〇〇〇円＋税）

二〇一二年三月八日発行 改訂一刷

著者 白石 淳

編者 一番ケ瀬康子

津曲裕次

編集協力 日比野正己

発行者 相川仁童

発行所 大空社

東京都北区中十条四－三－二

電話 〇三（六四五四）三四〇〇

郵便番号 一一四－〇〇三二

落丁乱丁の場合はお取り替えいたします

ISBN978-4-283-00595-2 C0023 ¥2000E

シリーズ　福祉に生きる

◇収録一覧◇

1 山高しげり……鈴木聿子 著
2 草間八十雄……安岡憲彦 著
3 岡上菊栄……前川浩一 著
4 田川大吉郎……遠藤興一 著
5 糸賀一雄……野上芳彦 著
6 矢吹慶輝……芹川博通 著
7 渡辺千恵子……日比野正己 著
8 高木憲次……村田　茂 著
9 アーノルド・トインビー……高島　進 著
10 田村一二……野上芳彦 著
11 渋沢栄一……大谷まこと 著
12 塚本　哲……天野マキ 著
13 ジョン・バチラー……仁多見巌 著
14 岩永マキ……米田綾子 著
15 ゼノ神父……枝見静樹 著
16 ジェーン・アダムズ……木原活信 著
17 渡辺海旭……芹川博通 著
18 ピアソン宣教師夫妻／佐野文子……星　玲子 著
19 佐藤在寛……清野　茂 著
20 シャルトル聖パウロ修道女会……泉　隆 著
21 海野幸徳……中垣昌美 著
22 北原怜子……戸川志津子 著
23 富士川　游……鹿嶋海馬 著